EXPO 2010
SHANGHAI CHINA

中国与世界博览会

ZHONG GUO YU SHI JIE BO LAN HUI

窦子文 编著

五洲传播出版社

图书在版编目（CIP）数据

中国与世界博览会/窦子文著. —北京：五洲传播出版社，2009.11

ISBN 978-7-5085-1758-2

Ⅰ. 中… Ⅱ. ①窦… Ⅲ. ①博览会—简介—世界 Ⅳ. ①G245

中国版本图书馆CIP数据核字（2009）第215118号

总顾问：王　晨

总策划：王仲伟

总监制：郭长建

出版人：李向平

主　编：吴　伟

审　阅：静瑞彬　李智慧

中国与世界博览会

撰　　稿：窦子文

图片提供：CICC PHOTO 窦子文等

责任编辑：徐醒生　许冬梅

装帧设计：缪　惟　袁　丹

出版发行：五洲传播出版社

社　　址：北京市海淀区莲花池东路北小马厂6号华天大厦

邮政编码：100038

电　　话：010-58880007

传　　真：010-58891032

制版单位：北京锦绣圣艺文化发展有限公司

印　　刷：北京嘉彩印刷有限公司

开　　本：787×1092 1/16

印　　张：8.5

印　　数：3000

版　　次：2009年11月第1版　2009年11月第1次印刷

定　　价：58.00元

中国将举全国之力，集世界智慧，把上海世博会办成一届成功精彩难忘的世博会。

——胡锦涛

目　录

中国 · 上海

前　言

国际展览局秘书长洛塞泰斯（V.G.Loscertales）在“2010中国上海世博会品牌定义与推广国际研讨会”上的致词中，对世博会的定位是：

世博会，应该：

对公众有启发、教育作用。

是人们共同努力、参与的全球盛会。

围绕全球共同关心的主题展开活动，该主题关系到人类文明的未来，受到各国政府重视。

是一项重大的城市、地区、国家和国际工程。

是主要国际组织政策议程上的重要内容。

是一次折射人类未来的活动。

向大家展现能改善人们生活的创新成果。

是公众外交的演练。

为各国政府提供一个展现其成就的公关良机。

经济发展与合作的契机。

对主办国意义非凡。

世博会要真正延伸国际，并将：

推进全球民主、国际合作。

以合作对话、文化多样的精神为指导，让国家与国家，个人与个人更加团结。

对于人类的情感、精神世界而言，世博会应当：

向大家传播文化、技术、科学知识，传达人类正面临的问题。

让每一个参观者感受到世博会主题包含的不只是知识，更是人类的美好的情感与想象力。

为政府提供向公民展示成绩、革新的舞台，创造政府与公民之间的互动。

向世界传达信息，不断传承世博文化与知识的宝贵财富。

……总而言之，世博会就是：一次独一无二的全球“超级”盛会。

世博会是世界范围的重大活动，是多元文化交流与科技体验的盛会。虽然现代通讯技术迅猛发展，使世界范围的交流屏障越来越少，但世博会仍有其特殊魅力和意义。

中国 · 上海

从经济发展意义来看，世博会举办国可以在特定时期对某特定地区进行资源的优化配置，改善区域经济环境，能加速推动一个地区的长远发展。从1851年第一届世博会到现在，这是大多数世博会的举办动机。

1970年日本大阪世博会富士馆

1970年大阪世博会的举办为日本关西地区的产业发展提供了良好的机遇。关西地区的产业结构进行了大幅度的调整，由原先的重工业产业为中心转变为高科技产业、信息产业、物流产业、商贸产业、会展产业和金融服务产业为主。世博会带来的大规模建设机遇使大阪地区的基础设施基本赶上东京的水平，包括交通、高档住宅、商业设施、旅游以及文化交流场所等的建设为城市长远发展提供了坚实的基础，形成了特殊的“关西经济带”，也孕育形成了世界六大城市群之一的日本太平洋沿岸城市群。

1992年，西班牙政府为促进南方的经济发展，缩小南北差异，选择位于南方的塞维利亚为世博会的举办地。世博会被选在塞维利亚一个几乎被遗忘的岛上举办，这一决定促使老城市得到改造，还对整个塞维利亚的基本建设进行了重新的规划。1992年的西班牙塞维利亚世博会不仅推动了西班牙较为落后的南部地区的经济，促进了全国经济的平衡发展，而且在安格鲁西亚地区建立了高新技术产业集群，使当地的社会、经济、科技、文化等综合实力和高新技术产业发展水平都上了一个新的台阶。

▲1862年伦敦世博会开幕式

▲第一届世博会建筑水晶宫

▼1851年英国伦敦第一届世博会建筑水晶宫的历史图片

从科技创新的意义上看，世博会推动了现代科技进入人类生活。世博会本身就是工业革命下科技进步的产物，精彩的世博会离不开科技领域的最新成果，许多新技术、新产品、新生活方式都是在世博会上首次亮相，被人们认识并得到普及推广。

1876年美国费城世博会农业宫

1876年美国费城世博会科学仪器馆

1876年美国费城世博会上，贝尔发明的电话机初次与世人见面，成为世界通信发展史上的里程碑；1878年法国巴黎世博会上展示了爱迪生发明的钨丝白炽电灯，此后白炽灯在世界范围得以普及使用；1893年美国芝加哥世博会，首次亮相的拉链成为20世纪对人类生活影响最大的发明之一。

从汉堡包、冰淇淋、尼龙、塑料、缝纫机再到汽车、飞机，世博会展示的科技新产品数不胜数。另外，世博会还让世人熟悉了计算机技术、公共网络、人类基因研究、现代生物技术、生命科学、纳米技术等各领域前沿科学。

1862年英国伦敦世博会展出的火车

1878年法国巴黎世博会各国展馆街上的中国馆

从政治角度看，世博会为举办国提供了向世界展示国家形象和综合实力的机会，对内则凝聚了民族精神。另一方面，世界多数国家的参与，推进了全球民主、国际合作，促进了世界和平。

19世纪上半叶，工业革命的完成使英国成为欧洲的头号强国。1851年，英国为了展示工业革命的成果举办第一届现代意义的世博会，以显示其雄踞各国之首的地位。

19世纪中期，美国的工业发展水平仅次于英国、法国和德国，名列世界第四。1853年，美国纽约举办了第二届世博会，向世界表示其作为一个年轻国家的崛起。此后到20世纪80年代，美国共举办了14届世博会，成为举办次数最多的国家。

1853年 美国纽约世博会展出的获专利的改进型轧棉机

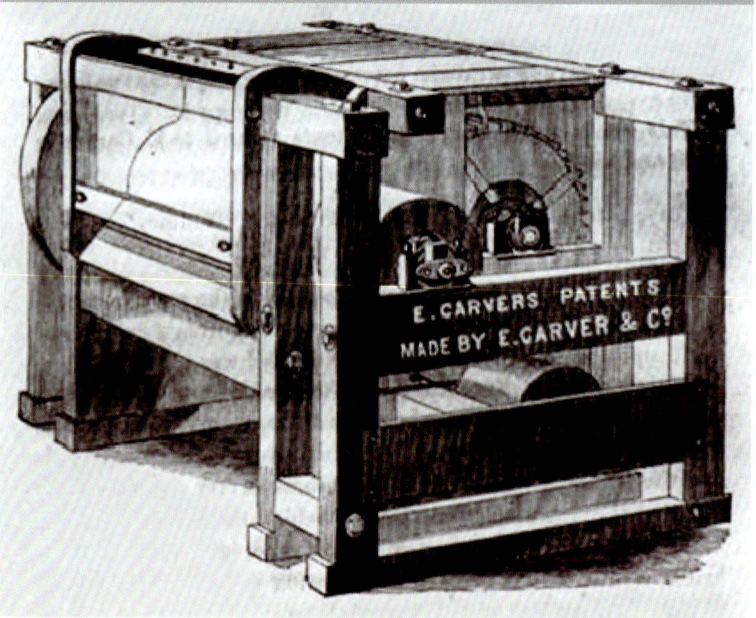

2000年德国汉诺威世博会

德国、日本这两个国家热衷于举办世博会，希望通过世博会摆脱战败国的阴影。日本1970年举办了第一次世博会，大阪人民和当地社团企业都有一种跻身世界强国之林的自傲感，民心大振，参观人次创历史记录。德国夺得2000年世博会主办权后，施罗德总理明确指出，这是二战后第一次在德国举办世博会，是一个向世界展示统一后德国形象的良机，要借此向全世界展示开放、文化之国和现代化经济区的形象。

就社会意义来看，举办世博会有利于青少年教育，有利于市民素质的提高，有利于世界各国的文化交流。

2000年德国汉诺威博览会内，专门开辟了主题公园，以形象的场景体现人类对未来的理解，许多家长带着孩子在“公园”里兴致勃勃地与机器人玩耍，或者进入未来世界，体验外星球的生活，使参观者和青少年、儿童受到极为有益的教育，成为智力开发的课堂。

世博会举办期长达三个月至半年，参观人次数百万至数千万。操不同语言的各国游客体会来自世界各国的生活方式，观看不同传统文化的演出，在场内外进行密切交流，并与举办地的普通民众进行沟通。这一切都推动了多元文化的交流和融合。

▼ 2000年德国汉诺威世博会场景

2000年德国汉诺威世博会场景

中国经过30年的改革开放，整个国家的国力、地位大大提升。能够在2010年举办世博会，不仅给中国带来发展的机遇，扩大国际交流与合作，促进经济的发展，而且可以创造巨大的经济效益和社会效益，宣传和扩大国家的知名度与声誉，促进社会繁荣与进步。

中国上海世博会是否成功，要有若干个指标来衡量。参展国家、国际组织、参观人次的数量，将影响到整个世博会的“人气”和经济指标；会期活动是否丰富多彩，主题是否深刻，将影响到世博会在历史上的地位；园区规划是否兼顾会期需要和后续利用，将长期影响举办地的城市形态和管理；收支是否平衡，将影响组织者的经营能力和举办地的财政负担；会期的组织是否科学合理，将影响众多参展方和参观者的参与成本、舒适度、安全感等等。

中国政府如何在力图追求体现平等、自由、和平等公共价值的同时，科学合理地完成世博组织工作，办好世博会，令世界瞩目。中国国家主席胡锦涛强调，中国将举全国之力，集世界智慧，把上海世博会办成一届成功精彩难忘的世博会。

第一章 中国与世博会的渊源

中国近代一些有识之士早在一个多世纪前就开始著文介绍世博会，并主张中国举办世博会，促进工艺进步、生产增长和商业发达。中国文人王韬（1828–1897）在自己的著作《漫游随录》中记述了1867年他在法国参观巴黎世博会的见闻，其中除了介绍世博会的方方面面的情况之外，还专门记载了一个广东戏班在世博会上演出的情景，这是首次见诸中国人笔墨的世博会印象。启蒙思想家郑观应（1842–1921）早在1894刊行的《盛世危言》一书中，就详细介绍了世博会的历史。他强调，“欲兴商务，必开会场。”，“救中国之贫，莫如大兴工艺。”而1905年被清政府派往欧洲游览并参观当时举行的布鲁塞尔博览会的5大臣之一张元济（1867–1959），则已经开始意识到科学技术和世博会的价值。在张元济所写的《中国出洋赛会筹备方法议》里，他批评清政府仅花费2万银两筹备布鲁塞尔博览会，从而“直使西人以为吾国之工艺与吾国政府之提倡实业不过如是”。

1904年美国圣路易斯世博会清朝参加世博会的使团

张謇——世博实业第一人

王韬

张元济

梁启超

第一节　中国人参加的世博会

中国人在19世纪末上世纪初曾经称世博会为“炫奇会”、“赛奇会”，后来叫做“万国博览会”；中国第一次参加世界博览会应该始于1873年的维也纳世界博览会，中国的参加方式也是赛奇会本身的一奇。因为代表中国人的是一个叫包腊（E.C.Bowra）的英国人。派他代表中国参加的，既不是朝廷，也不是某一个朝廷大员，而是当时清朝的总税务司英国人赫德(1835−1911)。在1840年以后，中国的海关和外贸都交由外国人代办了。赫德为了扩大中国和外国的商业联系，以图取更大的利润，便派包腊代表中国参加赛奇会。

中国政府第一次派代表参加的世博会——1876年的费城世界博览会

中国政府第一次派代表，以国家身份参加的世界博览会是1876年的费城世界博览会。当时，中国工商业代表李圭(1842−1903)写了一本《环游地球新录》，记录了中国参加1876年的费城世界博览会的情况，“中国赴会之物，计七百二十箱，值银约二十万两。陈物之地，小于日本，颇不敷用。此非会内与地不均，盖我原定仅八千正方尺(9正方尺=1平方米)，初不意来物若是之多也。”虽然他是中国代表团中唯一的一个中国人，但毕竟这是中国人第一次正式踏足世界博览会。

▶1904年美国圣路易斯世博会生产馆

中国政府首次以官方形式参加的世博会
——1904年美国圣路易斯博览会

中国政府首次以官方形式率商民正式参加了1904年在美国圣路易斯举办的世界博览会。清政府成立了由溥伦贝子领衔的委员会，副监督黄开甲及其随从被派往美国。中国成为在这届世博会上第二个举行展馆奠基仪式的国家。

中国展馆的屋顶陡峭，转角处向上翘起，华丽辉煌充满中国建筑风格，成为本届博览会上东方建筑的典范。中国村作为中国展馆的一部分，为中国商会提供了颇具吸引力的场所，汇集了各种各样富有中华特色的游艺内容。有一座中国演员表演京剧的戏院；一间佛殿，导游为人们解释宗教仪式和教义的含义；一间茶室，中国的服务员现场表演茶道。此外，来自中国本土的商人、画家、裱糊匠也挤满了一个市集。织布工和象牙雕刻工就像在自己家里一样熟练地做着他们的手艺。

清政府对于参加这届博览会比较重视，无论在组织上还是经费上都给予了相当的保障，通过参与本届世博会，促进了中外贸易的发展。

▲ 1904年美国圣路易斯世博会中国官方参展的首张照片

▲ 1904年美国圣路易斯世博会中国馆

中国在1915年巴拿马世博会上获最大影响

1915年美国旧金山巴拿马世博会对中国来说，是一次意义重大的盛会。1914年，美国正式向中国政府发出邀请参加巴拿马世博会。中国民国政府非常重视此次博览会。派出了以参赛监督陈琪带队的代表团前往美国，并选派重达两千多吨的中国展品参展，分别陈列在农业、工业、教育、文艺、美术、交通、矿物、食品、园艺等9个馆里。博览会上中国展品大放异彩，中国展馆前常常是人头攒动，熙来攘往。中国政府馆开幕当日，当地华侨商人纷纷歇业，到政府馆参加庆祝活动。

◀ 1915年美国旧金山世博会中国馆

参展的最终结果，中国展品共获得1211项奖，其中大奖章57枚，荣誉奖74枚，金牌奖258枚，银牌奖337枚，铜牌奖258枚。在全部31个参展国中独占鳌头。这也是中国参加历届世博会中所获成绩最为优秀的一次。中国获得不凡的声誉。

1915年美国旧金山世博会中国馆

中华人民共和国第一次参加的世博会
——1982年美国诺克斯维尔国际能源博览会

1982年美国田纳西州
诺克斯维尔世博会
展出的各种太阳能利用成果

1982年美国在田纳西州诺克斯维尔市举办了主题为“能源推动世界”的世博会，只有18万人口的诺克斯维尔市，在184天的展出中，观众人数达1112万，创下了在美国举办的世博会观众最多的纪录。美国筹办过程中，组委会主席罗伯茨直言，这次世博会的成败关键在于中国或苏联能否参加。当时的卡特总统和参议院多数党领袖贝克曾多次出面邀请中国参加，里根当政后又再次确认以前的邀请。当获悉中国决定参加这一届世博会的消息后，组委会专门召开新闻发布会，称“中国的参加是世博会筹备工作进展的里程碑”。

1982年美国诺克斯维尔
世博会庆典活动

1982年美国诺克斯维尔
世博会的中国馆

1982年诺克斯维尔世博会中国馆展出的秦兵马俑

中国馆的面积为2000平方米，展出内容以工艺美术品为主，辅以新能源技术，还展出了长城砖和西安出土的秦兵马俑。展览期间，当场有7位艺人进行国画、内画壶、瓷刻、篆刻、绢花、绒绣、地毯等的绘制和操作表演。每天早上世博会大门一开，绝大多数观众便直奔中国馆，有时观众排队长达1公里，即使要等待3、4个小时仍兴趣不减，秩序井然。中国馆轰动了整个世博会，“中国元素”嵌入了外国观众的心里。前总统卡特对中国馆长说：“你们的展出取得了令人难以置信的成功，我为此感到高兴。”

从1851年开始的第一届世博会到今天，世博会已经走过了150多年，中国通过参加世博会，不仅让中国的产品走向了世界，也让世界更多地了解了中国。

第二节 中国产品由世博会走向世界

徐荣村画像

1851年伦敦世博会中国馆

1851年英国伦敦世博会上，丝中精品“荣记湖丝”写下了中国在世博会上的“开篇之作”。1904年美国圣路易斯博览会，来自中国的许多展品提高了知名度。博览会大大促进了贸易的发展。譬如京师工业局选送的地毯，在本届博览会获得一等奖章之后，地毯价格随之猛涨。英国、法国商人群来订购，而国内天津、上海等地也是闻风而动，纷纷仿造，于是地毯产品成为非常紧俏的出口商品。又如上海茶瓷公司参展的各种上等茶叶，获得大奖和金牌，引起美国白兰克公司的极大兴趣。白兰克公司不仅全部收购茶瓷公司在会场零售外剩余的茶叶，并当场与其订立销茶合同。1906年的意大利世博会，江苏海门颐生酿造公司的“颐生酒”荣获金奖。1915年的旧金山巴拿马世博会，中国多项产品获奖，产自江苏常州的梳篦获银奖；贵州茅台酒和烟台张裕酿酒公司的“可雅白兰地”获金奖，茅台酒被评为世界第二名酒，与获第一的法国“柯涅克白兰地”和第三名的英国“苏格兰威士忌”并称为世界三大名酒。1926年的美国费城世博会，常州梳篦再获金奖，重庆佛手牌味精获金奖。1982年美国诺克斯维尔世博会，中国参展产品大获成功。

▲ 1915年美国旧金山世博会美术馆　▼ 1925年法国巴黎世博会新精神馆

走进世博巡展中展示荣记湖丝历史

荣记湖丝

1851年，英国在伦敦举办首届世博会。极具商业机敏与智慧的广东商人徐荣村抓住难得的机会，他精选了12包自己经营的“荣记湖丝”，船运到伦敦。最初，由于包装上的粗糙，“荣记湖丝”遭到了冷遇。但好在世博会的展览时间长达数月，优质的“荣记湖丝”渐渐受到关注，褪去包装，西方人钟爱的中国蚕丝历经半年仍然簇新质佳，“荣记湖丝”的各种优点逐渐显现出来，受到众人的青睐。最后评选时，众评委的评语是：“在中国展区，上海荣记的丝绸样品充分显示了来自桑蚕原产国的丝绸的优异品质，因此评委会授予奖章。”（《万国工业博览会1851年，评委会关于30类展品的评审报告》，1852年）。就这样，众评委一致“推君丝为会中第一，中外人无异词”。

“荣记湖丝”一举夺得大奖，英国维多利亚女王亲自颁发奖牌和奖状，“俾君执以为券”（《北岭徐氏宗谱·徐君德琼行状》，1884年）。有着强烈商标意识的徐荣村知道，伦敦世博会的成功意味着自己迎来了更多的商机，他请来画匠将奖状上的“翼飞美人”图案描摹下来，作为以后荣记产品的商标，并广为宣传。从此，荣记商品在中外商场上大为畅销，成为极受欢迎的畅销货。

1915年巴拿马世博会时发行的中国商人和他的家庭明信片

荣记湖丝

茅台酒的故事

1915年巴拿马博览会在中国馆正式开幕后逐步进入高潮。当时，以农业产品为主力的中国展品，一开始没有多少特别吸引力，每日参观者不是很多。茅台酒更是装在一种深褐色的陶罐中，不仅包装本身就较为简陋土气，而且又是陈列在农业馆，杂列在棉、麻、大豆、食油等产品中，根本不起眼。

1915年巴拿马万国博览会上
《怒掷酒瓶》故事
蒋立冬 绘

因茅台酒有在南洋劝业会获奖的历史，很受中国代表团推崇。怕这样有竞争力的展品被埋没在农业馆，于是有代表提出将茅台酒移入食品加工馆陈列，以方便突出其位置。搬动时，一位代表不慎失手，一瓶茅台酒从展架上掉下来摔碎了（此即后来传为佳话的《怒掷酒瓶》故事来源）。陶罐一破，茅台酒酒香四溢。中国参展监督陈琪等人在南洋劝业会评奖时就品尝过茅台酒，知道茅台酒酱香馥郁，且有空杯留香的特点。见此不免灵机一动，于是建议不必换馆陈列，只需取一瓶茅台酒，分置于数个空酒瓶中，并去掉盖子，敞开瓶口，旁边再放上几只酒杯，正好利用农展馆展品气味不浓，闲人不多的特点，任茅台酒挥洒香气，随专业人士品尝。茅台酒酒香主要是由酒中的代谢物产生，敞开的茅台酒在酒及其香充分暴露后，更为浓郁。此举果然非常奏效，参观者纷纷寻香而来。更有好奇者顺手拿起酒杯，争相倒酒品尝，一致“咂，咂”交口叫绝。农展馆里因之一时人头蹭涌，热闹非凡，很快产生了轰动效应。

茅台酒香吸引来了大量看客，产生轰动。茅台酒成了众多展品中的明星，而且为中国整个农业展品招徕了众多的参观者，大大增强了人们对中国展品的认识和了解。茅台酒被本届博览会评为世界第二名酒，成为世界三大名酒之一。

奖牌正面高浮雕是维多利亚女王
和阿尔伯特亲王的半身叠像

奖牌背面浮雕正中坐着身穿便装
的不列颠女神正在给欣欣向荣
的英国工业女神戴上花冠

▲中国在1851年世博会上获得的第一枚“制造业和手工业”奖牌

英国伯明翰铸造“希生老爷”纪念章
此人为参加1851年第一届世博会
开幕式的少数中国人之一
▼

▼茅台酒

牙雕套球

牙雕，即象牙雕刻，是中国驰名中外的工艺品之一。牙雕的技法之一是镂空透雕，最有代表性的是出神入化的镂空透雕象牙套球，它是中国的独创、中国的国粹。

镂空透雕象牙套球

1915年巴拿马世界博览会上，曾发生过一件有趣的事，在琳琅满目的展品中，有件象牙镂空透雕套球，引起了观众的极大兴趣。套球一层套一层、层层都能转动自如。各层球壳上雕的镂空纹饰交错隐现，奇妙无比。或许是因为太奇巧了，竟然引起人们的怀疑，于是当众对这件象牙套球进行验证。展品被放在水中加热，却依旧保持原来的形态，那的确是人工镂空制作的牙球，于是，中国的牙雕多层镂空球（25层）获得“艺冠全球”特等奖。

张裕公司可雅白兰地在1915年巴拿马世博会上获国际金奖

可雅白兰地

1915年，巴拿马太平洋博览会举行，率领中国代表团的是御封为“光禄大夫”的红顶商人张弼士。

张弼士（1841–1916）带来自己公司酿制的四种葡萄酒“可雅白兰地”、“红葡萄”、“雷司令”和“味美思”。可在当时，法国葡萄酒誉满世界，没人会去注意一个“弱国”酿造的葡萄酒。面对冷冷清清的展台，张弼士决定主动出击。他邀请法国品酒师莫纳品尝可雅白兰地，莫纳抿上一口顿感满口幽香，惊讶之余赶忙询问酒的产地，张弼士悠然一笑，吐出四个字“中国烟台”。

中国出了美酒的消息顿时在整个会场上传开，一时间人们都争相前来品尝这不可思议的美酒。这次展览会上张弼士的“张裕葡萄酿酒公司”送展的“可雅白兰地”等产品一举荣获最优等奖和4枚金质奖章，“可雅白兰地”因此而被更名为“金奖白兰地”，成为驰名世界的品牌。

湖南菊花石雕

菊花石雕艺术品是用菊花石雕刻而成的。天然菊花石资源稀少罕见，世界上只有中国湖南浏阳出产，浏阳菊花石，被誉为“全球第一”。

据《浏阳县志》记载，1915年巴拿马博览会上，中国工艺大师戴清升之绝创：“映雪”花瓶、“梅、兰、竹、菊”屏风参展，令世人瞠目，拍案惊奇“石头能开花”，一举荣获“稀世珍品金奖”，至今保存在联合国博物馆。

菊雕工艺

常州梳篦

梳篦，又称栉，是中国古代八大发饰之一。常州梳篦自魏晋南北朝（220－589）流行至今已有1500多年历史。

光绪（1875－1908）年间，苏州织造府官员每年农历7月总要到苏州定制60把黄杨木梳、60把梅木脊梁象牙的高级梳篦，并在10月间连同6套龙袍、600朵宫花送到紫禁城，作为贡品进献皇帝，这就是宫梳名篦的由来。据说，慈禧太后对常州的梳篦尤为钟爱。

1915年，常州梳篦在巴拿马世博会上获得银质奖。1926年，在美国费城博览会上获得金质奖。

常州梳篦

纵观中国参加过的世博会，获奖的产品都集中在早期，获奖数量不少；但从获奖产品性质来看，多为中国传统优势的丝绸、瓷器、酒类、农产品、工艺品等；对于扩大中国传统产品的世界影响力，包括国际贸易往来，有着不小的促进作用。但是，同期其他国家带到世博会上的参展品却是：1851年伦敦世博会，大功率蒸汽机、自动链式精纺机等先进发明；1853年纽约世博会，电梯首次亮相；1862年伦敦世博会，缝纫机、印刷机和火车；1876年，美国人贝尔的电话、爱迪生的复式电报以及留声机、胜家的缝纫机，以及操作方便的自行车、打字机和织补机等。

中国参展品几乎始终如一是一些原始的工农业材料、附加值不高的初级产品、以及精致却少实用价值的古董工艺品，极少近代工业的产品参展，更不可能有影响人类生活的伟大发明和设备。这反映了中国当时的经济结构和产业分布状况，与世博会上外国经济、文化、科技发展的迅猛之势相比，当时的中国还处于落后的地位。

1982年中国参加了美国诺克斯维尔世界博览会。这正好是世博会重心从产品展示与技术竞赛转移到理念与文化展示的时期。对人类生存状态的关注让更多的国家推出可持续发展的新思路、新科技，但中国的展示仍处于落后地位。对于中国而言，2010年举办上海世博会，无疑是跟上世界发展步伐的大好机会。

第三节　中国申办2010年世博会

早在20多年前的1985年，中国上海市就开始组织力量对上海举办世博会进行可行性研究。虽然随后的几年没有推进，但举办世博会的议题却一直留在上海市政府的日程里。1988年和1993年上海市政府又分别组织相关部门研究举办世博会的可行性。

1999年，上海市政府再次将申办世博会提上议事日程。在进行了充分调研的基础上，于1999年7月向国务院提出了申办请示。

1999年12月8日，中国政府驻国际展览局首席代表刘富贵在国际展览局第126次大会上宣布，中国政府支持上海申办2010年世界博览会。中国成为在国际展览局会议上第一个提出口头申请举办2010年世博会的国家，同时在这届大会上中国首次当选为执行委员会成员国。上海市人民政府副秘书长朱晓明率团出席了这届在法国巴黎举行的国际展览局大会。

至此，20多年的申办世博会愿望终于成为现实。

2010年上海世博会世博中心效果图

1851年 —— 1873年 ——

2000年中国政府成立了2010年上海世界博览会申办委员会，并开始积极开展申办准备工作。2001年5月2日中国驻法国大使吴建民代表中国政府向国际展览局递交中国举办2010年世博会的申请书。

2002年1月30日中国驻法国大使吴建民代表中国政府向国际展览局秘书长洛塞泰斯递交了中国政府申办2010年上海世界博览会的报告，其中包括中国国家主席江泽民和国务院总理朱镕基致国际展览局领导人的支持信。中国成为第一个向国际展览局递交《申办报告》的国家。

中国上海世博会的主题“城市，让生活更美好”很有前瞻性，在先后三次国际展览局的全体大会上得到了国际社会的广泛认同。如何实现可持续发展、建设更美的城市，与各国发展产生了强烈的共鸣。

自1851年在伦敦举办第一届世界博览会以来，首次有5个国家同时申请世博会的举办权，这足以显示世博会的魅力和影响与日俱增。此外，中国、俄罗斯、韩国和波兰都派出了由政府副总理率领的强大代表团，而墨西哥的代表团则由外长率领，这充分证明各国政府对世博会的重视。

2010年中国上海世博会主题馆

所有的申办城市都使尽了浑身解数：上海加快打造"世界级城市的步伐"，在融入国际经济的过程中，国内生产总值GDP连续10年实现两位数增长，申办成功前一年，即2001年上海人均国内生产总值已超过4500美元，城市的综合经济实力和国际竞争力迅速接近世界新兴工业化国家和地区的水平；韩国的丽水是著名的海港城市，金大中总统的故乡，有发达的渔业、造船业、汽车制造业，还有连接中国与日本的便捷的海上交通；墨西哥的克雷塔罗强调它的生态财富、生活质量和丰富的文化遗产；波兰的弗罗茨瓦夫位于欧洲中部，具有鲜明的欧洲文化色彩，高等教育和科研机构蜚声欧洲；俄罗斯的莫斯科则强调本国丰富的资源、大批经验丰富的工程技术人员和创新思想。

2002年12月3日国务院副总理李岚清出席在蒙特卡洛举行的国际展览局第132次会议，在投票前代表中国政府在国际展览局大会上作陈述时说："讲求和谐、注重共赢的中国文化，必将有利于国际展览局'理解、沟通、欢聚、合作'的理念进一步发扬光大，有利于促进各国在经济和文化领域的广泛交往与合作，有利于各国在这样一个舞台获得所寻求的商机和利益，有利于促进世界和平、繁荣和稳定。上海世博会将成为一次成功、精彩、难忘的盛会。"

同日下午2时30分，国际展览局89个成员国以无记名投票方式，在中国的上海、俄罗斯的莫斯科、墨西哥的克雷塔罗、波兰的弗罗茨瓦夫和韩国的丽水 5 个候选城市中选出2010年世界博览会的主办城市。根据规定，如果某城市在首轮投票中获得三分之二的票数则一举当选，否则第一轮投票将淘汰得票最少的城市，并进入第二轮投票。以此类推，直到仅剩两个候选城市时，由得多数票者取得2010年世博会的主办权。当地时间15时40分，国际展览局主席诺盖斯郑重宣布，在摩纳哥举行的国展局第132次大会举行了四轮投票，中国上海在第四轮投票中赢得54票胜出，成为2010年世博会的主办城市。中国成为第一个承办综合性世博会的发展中国家。世界选择了中国，选择了上海，中国、上海得到了历史机遇。

欢庆2010年上海世博会申办成功

第二章 上海世博园规划理念：和谐城市

城市在人类社会出现已经有8000年历史了，目前世界上已有超过一半的人口在城市中生活，城市化的浪潮给世界、尤其是发展中国家带来了深远的影响。在这些国家里，数以百万计从农村涌入大城市的人口正在对城市的住房、医疗卫生和教育条件等提出前所未有的挑战。上海世博会的主题“城市，让生活更美好”探讨的是人类最需要关心的问题：城市怎么发展？怎么发展更好的城市，才能给全世界人类带来更美好的生活？

上海世博会主题广场效果图

城市的可持续发展将决定整个世界的可持续发展，不仅仅决定城市里人口的生活质量，也决定了城市外人口的生活质量。原来发达国家走过的高能耗、高污染的城市道路已经使整个地球面临环境污染、资源匮乏的难题。现代工业的发展，让城市除了本身的消费以外，还成为物质产品和精神产品的生产地，这促使50%的人进入了城市。但这种单纯消耗能源和资源、释放大量废物的城市发展模式是不可持续的，如果扩大到80%人口进入城市的时候，整个地球将被破坏殆尽。因此，只有进入下一时代的和谐城市，让地球资源得到可持续利用，才能够真正推动更多的人进入新一代的城市。上海世博会不仅仅是一个世博会，更重要的是要探索城市发展的可持续性，这是上海世博会的真正意义所在。世界各国以上海世博会为平台，展示各自的城市文明成果、交流城市发展理念，借鉴彼此在城市交通运输、生态环境、清洁能源利用、水资源使用、垃圾处理等方面的先进经验。

中国的《21世纪城市规划师宣言》中"和谐城市"的定义有三方面的内涵："人与自然的和谐"是对工业城市的建设思想中，以现代工业文明战胜自然环境根本哲学理念的一次反思和扬弃。21世纪的城市，应该以一种对自然尊重的态度，从自然的生存中吸取智慧，得到启发。从根本上说，"和谐城市"不再是站在自然环境对立面的一个人工环境，它应该成为自然整体系统中的一个部分；它不再是自然资料和能源的"消费者"，应该是生态系统循环中的一个环节。

"人与社会的和谐"强调城市中不同的文化背景和不同的社会集团之间的社会和谐，重视区域中各城市之间、城市中不同文化背景和社会集团之间居民生活的和谐，避免城市范围内的社会空间的强烈分割和对抗。城市全体市民的社会生活和谐，是城市在21世纪努力发展的社会目标；坚持为全体城市居民服务，是城市发展的根本立场。

"历史与未来的和谐"强调保持城市发展过程中历史的延续性，保护文化遗产和传统生活方式，促进新技术在城市发展中的运用并使之为大众服务，努力追求城市文化遗产保护与新的科学技术运用之间的协调，实现城市发展过程中时间序列的和谐将是21世纪城市发展的重大课题，也是城市能够实现让城市生活更加美好的重要内容。

上海世博会南市电厂
烟囱改造效果图

在整个上海世博园区的规划设计上，设计师做了大量细致的调研和生态模拟，从人与自然，人与社会，历史遗产和未来新技术、未来城市发展的和谐等多个方面着手去实现"和谐城市"的理念。

第一节 生态城市设计

20世纪后期提出的"生态"概念，被定义为对自然的破坏达到最少，然而，这对于和谐城市而言是远远不够的。上海世博会的规划，首次提出未来城市发展不仅仅是最小化的消耗能源，而应当采用增绿、净水、采能、凉岛等一系列手段，在实现能源"零消耗"的基础上实现对自然的供给。上海世博会规划将全面地示范世界各国在对于降低城市资源消耗方面所取得的进步的同时，系统地展示人类对于城市生态系统建设的最新研究，演示人类21世纪的城市中人与自然相互哺育的发展方向。

风能的利用

世博园建设的风向模拟是中国第一次大规模的风能实验，所有的建筑在一边调整一边做模拟，最后的方案是以上海东南风为主导风向，所以世博园区整个建筑布局就是组织风的导向，使得整个城市都有风吹到每一个角落。每一栋建筑都有自然风的时候，这样就可以节省大量的能源，风大的时候将进行阻隔，风小的时候将进行引导，这是整个大规模城区的节能组织。

湿地循环生态

世博园总体布局中间沿着江边有两大块湿地，由黄浦江水流动形成的凸岸人工建造而成。大规模的湿地直接连接黄浦江，江水通过黄浦江的落差进入，通过生态自然过滤，过滤后的水很干净，可以供孩子们在里面嬉戏，最后这些干净的水再流回黄浦江。过去都是干净的水流进来，污水流出去，而世博园创造的是水将越流越干净，最终再回归自然河流。

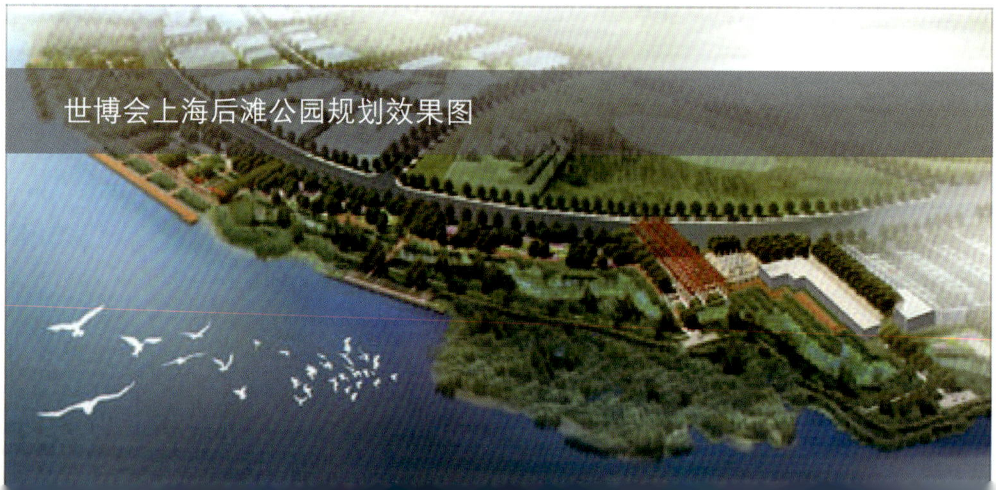

世博会上海后滩公园规划效果图

绿色地下空间

世博轴（世博园区空间景观和人流交通的主轴线）的设计是上海世博会一次很大胆的尝试。世博轴是一条大型通道，从园区主入口延至黄浦江边的庆典广场，并连接各大展区。恰似一条“主动脉”，集中和疏散着每日数以万计的参观者。

上海世博会世博轴阳光谷

世博轴分为地上两层、地下两层，不同层面的分工以及“阳光谷”的分布为园区服务的多样化提供了种种可能。阳光谷敞向天空，堪比足球场大小的顶部，充分吸纳着大自然的阳光、空气和雨露。参观者徜徉在地下通道，面前是豁然洒下的光线。在高架下也可以照射到阳光，这意味着节省大量的能源，意味着安全、生态。在世博轴桩基下面埋藏有700公里的管道，巧妙利用地热和江水达到冬暖夏凉的效果。至于阳光谷，它们在引入阳光和空气的同时，还是天然雨水收集器。建一条水渠，便可将收集到的大量雨水统一净化再利用。

太阳能技术

世博园区将大面积地使用太阳能。主题馆、中国馆、企业馆等主要场馆及部分设施，将安装太阳能设备。建成后，世博园区太阳能发电能力将达到5000千瓦，是目前中国城市市区太阳能集中应用规模最大的区域。

新型环保交通工具

世博园区内公共交通将使用三种清洁动力汽车：一是新型无轨电车；二是超级电容车；三是超级电容与蓄电池的混合动力车，力求实现“零排放”，为游客提供环保清洁的交通服务，展示各种新型科技交通工具。

节能照明设备

城市最佳实践区中的照明主体将采用被称为“21世纪绿色光源”的半导体照明（LED），这也是半导体照明首次在城市街区如此大规模地集中使用。

资源循环技术

上海世博会将开发利用江水热源和地热资源，依托世博园区滨江布局的优势，采集使用即可供热又可制冷的零污染、可循环的清洁能源，还将利用场馆屋顶建造大面积的雨水收集系统，净化后用于绿化浇灌，节省水资源；利用多种物理和生物技术，对黄浦江水进行净化处理，用于园区绿化和景观设施。

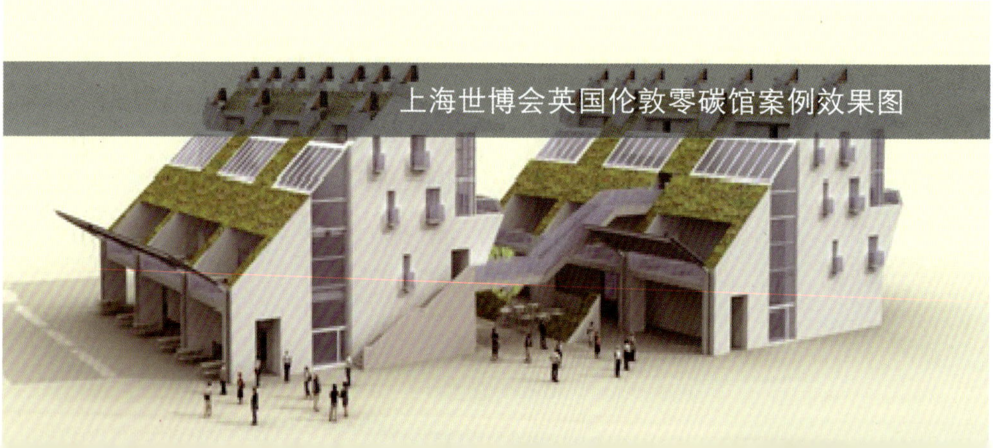
上海世博会英国伦敦零碳馆案例效果图

固体废弃物无害化、减量化、资源化处理技术

世博园区内产生的垃圾都将进行分类处理。此外，世博园区内使用的各种生活器具、用品，均采用可再生或可降解材料，降低环境污染。

气象新科技

世博园区将建立立体气象探测系统，提供精细化世博气象预测预报和服务系统，为世博会顺利举办提供先进的气象服务。

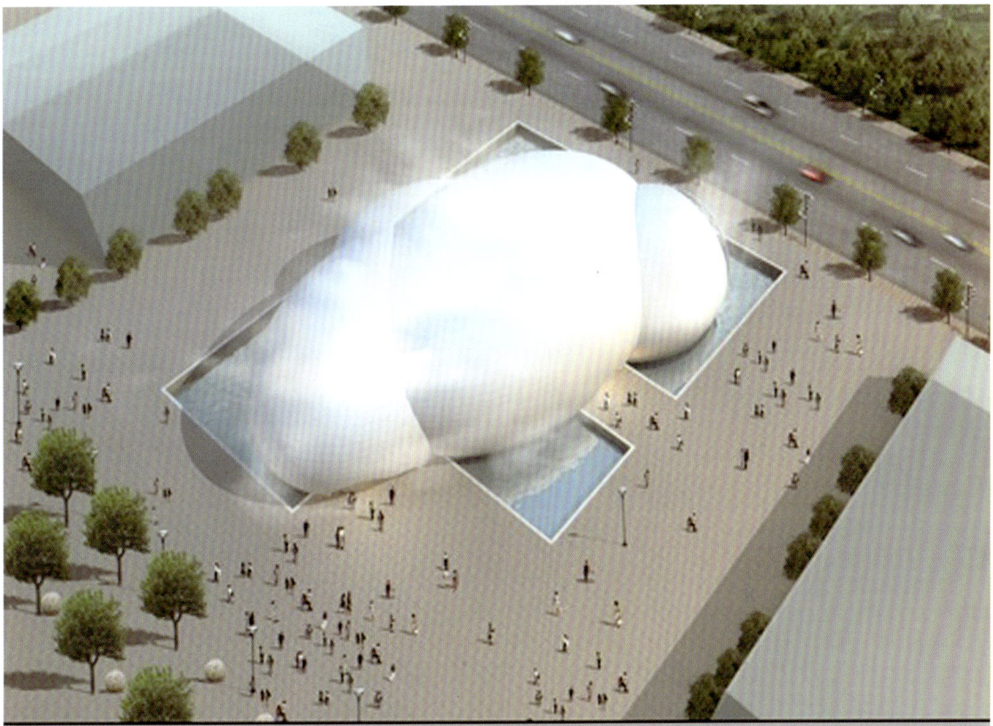

上海世博会气象馆效果图

第二节 历史文化遗产保护

上海世博会园区场址内原有大量的工业厂房建筑和工业设施，其中包括了作为中国近代民族工业的发源地之一，具有140年历史的江南造船厂。上海世博会规划根据其历史特点，从延续城市工业发展脉络的方面考虑，设计了由老厂房改建的联合企业馆和独立企业馆。同时，在浦西世博轴东侧利用江南厂东部的原总装车间，改建形成一个世界博物博览馆，将收集和展示来自全世界各时期的文化精品，会后留给上海一个世界级的文化和展示研究中心。

上海世博会城市最佳实践区宁波“宁波滕头馆”效果图

上海世博会园区规划共保留了25万平方米的优秀近代工业建筑，通过有效的保护和改造手段，激发工业历史遗产的活力，体现了上海世博会对历史的尊重。

世博会历史上很少有老建筑，大家都在创新，以为越新、越奇、越特就越好，但是，世博建设者提出了大规模保护上海工业建筑遗产的想法。上海城市历史短，不能和中国其他有悠久历史的城市比，因为只有150年的历史，所以，惟有用工业遗产作当代遗产的展示。做了大规模调查以后，工程师把每一栋重要的建筑都进行标识和档案的建立。比如发电厂改建为未来城市的发电馆，这里将展示风能、水能、地下的能量等，而且还将真正带动一个片区的用电。通过大规模的改建，把历史老建筑改成展厅，上海世博会起到了示范作用，使以后的城市能够留下更多的遗产。

上海世博园世博轴效果图

世博园规划时，中国设计师保留老工业建筑的思路曾受到国际展览局的反对。从国际展览局的观点来看，他们希望每一幢楼都是新的，每个国家来都是建新馆，这样可以充分展示每个国家的文化，把每个国家的特性都展示出来。但是，中国希望保留这些建筑，它们是中国第一代的工业遗址，对中国现代工业来说是一笔巨大的遗产。为了更好地体现工业遗产的特点，设计师就把这一部分作为各个产业、各个企业的展示馆，尤其是中国工业中的龙头企业在此建馆，以展示中国工业的崛起。

第三节 城市最佳实践区

全世界都在进行城市建设，都在发展，尤其是发展中国家的城市化速度非常快。大量耗能、大量破坏资源、掠夺资源的城市化道路已经不能适应当今世界的要求，世界的能源也不允许。城市要可持续发展，要能够节约能源，这是一种新型的城市化道路，全世界都在为一个可持续发展的地球和城市在探索最好的经验。不仅只有发达国家有高科技手段，发展中国家也有很多很好的经验，上海世博会将把全世界最好的经验集中起来展示，让人们去体验去选择。

上海世博会城市最佳实践区效果图

这次上海世博会有一个大的突破——“城市最佳实践区”。城市最佳实践区为世界各地的城市提供了独立参展上海世博会的机会，它将集中展示全球有代表性的城市为提高城市生活质量所做的公认的、创新的实践方案和实物，同时为世界各城市提供一个交流城市建设经验的平台。

上海世博会邀请来自联合国环境规划署、联合国开发计划署、联合国教科文组织、世界银行、亚洲开发银行、经济合作与发展组织、世界城市和地方政府联合组织等国际组织，以及中国政府部门相关人士组成国际遴选委员会，从全球申报的113个案例中，评审遴选出44个展馆展示案例和15个实物建设案例，参与上海世博会城市最佳实践区的展示。

这些入选的城市最佳实践案例来自全球五大洲，是在宜居家园、可持续的城市化、历史遗产保护与利用、建成环境的科技创新等四个方面公认的、有所创新的实践案例，具有展示和推广的价值。其中15个优秀案例将在世博园区内以1：1的实物模型，形成模拟生活街区，让参观者身临其境，真实体验。

城市最佳实践区位于世博会围栏区的浦西片区，占地面积约15.08公顷，建筑面积约11万平方米。城市最佳实践区由南至北将形成主题区域、系列展馆和模拟街区三个功能区域，预计会成为上海世博会的一大“亮点”。

上海世博会世博园区效果图

实践案例列表

序号	类型	案例名称	城市	国家	地区
1	居住建筑	马德里公共廉租屋的创新试验	马德里	西班牙	欧洲
2		“魔术盒”生态住宅	马尔默	瑞典	欧洲
3		沪上生态人家	上海	中国	亚洲
4		零能耗生态住宅发展项目	伦敦	英国	欧洲
5	办公建筑	水中心	卡尔加里	加拿大	美洲
6		新耐久性建筑项目	汉堡	德国	欧洲
7		崭新的“24小时太阳报”总部：可持续生态建筑范例	米兰	意大利	欧洲
8		城市环境下的环保能源和可持续家园	罗阿大区	法国	欧洲
9	休闲建筑	植物墙建筑	罗阿大区	法国	欧洲
10		澳门百年老当铺“德成按”的修复与利用	澳门	中国	亚洲
11		水幕太阳能建筑	阿尔萨斯	法国	欧洲
12		帐篷城	麦加	沙特阿拉伯	亚洲
13	公共空间	自行车的复活	奥登赛	丹麦	欧洲
14		城市节能照明系统	罗阿大区	法国	欧洲
15		活水公园	成都	中国	亚洲

世博会活水公园效果图

序号	案例名称	城市	国家	地区
1	“交流”：亚热带气候地区环境可持续城市实践的试验	昆士兰州 布里斯班	澳大利亚	大洋洲
2	首尔文化经济	首尔	韩国	亚洲
3	智能卡、智能城市、智能生活	香港	中国	亚洲
4	清洁城市法案	圣保罗	巴西	美洲
5	改善水质，让城市生活更美好	日内瓦/苏黎世 巴塞尔	瑞士	欧洲
6	水城鹿特丹	鹿特丹	荷兰	欧洲
7	文化遗产和宜居城市：从“1986年世博会”到“2010年冬季奥运会”	温哥华	加拿大	美洲
8	台北无限宽带——宽带无限的便利城市	台北	中国	亚洲
9	城市的流动性和联系性	伦敦	英国	欧洲
10	毕尔巴鄂古根海姆美术馆： 城市战略中引领项目	毕尔巴鄂	西班牙	欧洲
11	博洛尼亚的文化创意产业发展和 社会包容政策	博洛尼亚	意大利	欧洲
12	一条母亲河、一处名胜地、一种生活态度	巴黎 巴黎大区	法国	欧洲
13	今日的未来技能——奥陆学校的革新	奥陆	芬兰	欧洲
14	环境先进城市——水都大阪的挑战	大阪	日本	亚洲
15	艾哈迈达巴德的城市管理倡议	艾哈迈达巴德	印度	亚洲
16	巴塞罗那市中心老城区	巴塞罗那	西班牙	欧洲
17	亚历山大城市发展战略	亚历山大	埃及	非洲
18	中国天津市华明示范小城镇	天津	中国	亚洲
19	圣彼得堡“瓦希列夫斯基”岛西 岸的滨海地区开发	圣彼得堡	俄罗斯	欧洲
20	简单易制的移动型抗洪堤坝	布拉格	捷克	欧洲
21	费城：微软“未来学校”	费城	美国	美洲
22	基于地方社会共识的管治 实践：促进社会融合战略	阿雷格里港	巴西	美洲
23	巴塞罗那新创新城区	巴塞罗那	西班牙	欧洲
24	经济发展与生活方式共生：宜居家园与可持续发展作为城市的战略目标和成就	杜塞尔多夫	德国	欧洲

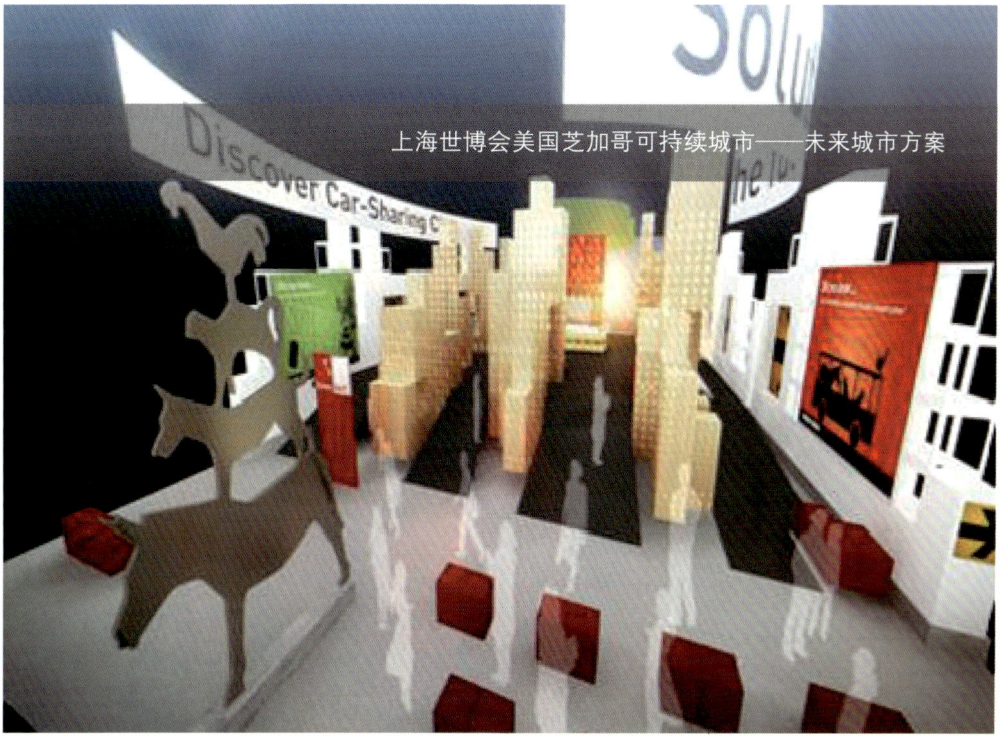

上海世博会美国芝加哥可持续城市——未来城市方案

上海世博会德国不来梅从知识到创新——城市交通解决方案

序号	案例名称	城市	国家	地区
25	圣米歇尔区的环境复合工程 ——一个世界级的最佳实践	蒙特利尔	加拿大	美洲
26	资源全回收、垃圾零掩埋迈向城市的永续	台北	中国	亚洲
27	以西湖为核心的“五水共导” 治水实践造就“品质杭州”	杭州	中国	亚洲
28	“城市沟渠再造”：伊兹密尔的 城市排污工程	伊兹密尔	土耳其	欧洲
29	城市的可持续发展转型： 奥林匹克之城玛鲁斯市的重生	玛鲁斯	希腊	欧洲
30	从知识到创新：城市交通解决方案	不来梅	德国	欧洲
31	芝加哥：可持续城市，未来城市	芝加哥	美国	美洲
32	Spice——节能从学校抓起	波恩/布卡拉市 (布哈拉)	德国 乌兹别克斯坦	欧/亚
33	弗莱堡沃邦居住区：旧军营生态改造范例	弗莱堡	德国	欧洲
34	城市建设可持续发展——水环境治理行动	广州	中国	亚洲
35	生态城	马尔默	瑞典	欧洲
36	米兰的绿地与蓝天： 城市的生态环保网络	米兰	意大利	欧洲
37	万户政湖津贴限价房计划——生态城 “巴尔德斯帕尔特拉”的城市 环境可持续发展工程	萨拉戈萨	西班牙	欧洲
38	“莫斯科城市规划土地清册系统” ——推动城市可持续发展的政策工具	莫斯科	俄罗斯	欧洲
39	历史老城复兴的一体化模式	开罗	埃及	非洲
40	苏州古城保护与更新	苏州	中国	亚洲
41	利物浦历史遗产保护与再利用	利物浦	英国	欧洲
42	威尼斯历史遗产保护 和利用的最佳实践	威尼斯	意大利	欧洲
43	面向经济和环境发展目标的遗产保护 实践：“02-04亚洲城市项目”	本地治里	印度	亚洲
44	“圣地亚哥·德·孔波斯特拉” ——与时俱进的历史古城改造范例	圣地亚哥	智利	欧洲

法国巴黎植物墙

沪上·生态人家效果图

第三章 上海世博会核心展馆

展示、活动与论坛是上海世博会的三大组成部分，是演绎世博会主题的重要表现形式。世博会的园区内设有各类展馆，其中既有主办方设立的国家馆和主题馆，也有参展方设立的国家馆、国际组织馆和企业馆。组织者和被邀请前来参展的国家、国际组织和企业根据自身的历史文化背景、对主题的理解及科学技术水平，对展馆进行规划、设计和建造。

2010年上海世博会中国馆（局部）

第一节 中国馆与主题馆

上海世博会中国馆由三大部分组成，一是国家馆，二是各省、区、市馆，三是港澳台馆。中国馆整体布局为中国传统城市的经纬网络，坐北朝南，南北中轴统领。国家馆居中架空升起，层叠出挑，69米的高度，与园区内普遍20米以下的展馆相比，更显磅礴气势。由31个省区市共同参与的地区馆，水平展开，犹如稳稳的基座平台映衬国家馆，成为开放、层次丰富的城市广场；二者互为对仗、互相补充，共同组成表达中国主题的统一整体。国家馆、地区馆功能上下分区、造型主从配合，形成独一无二的标志性建筑群体。

国家馆别具一格的斗拱造型，源于中国传统建筑的木架构造；叠篆文字装饰的地区馆建筑表面，传递着二十四节气的人文地理信息；利用地区馆屋顶37000平方米面积打造的，象征华夏九州团结和统一的“新九州清晏”城市空中花园，灵感来源于圆明园的“九州清晏”。届时，观众可以在空中领略到这个已经消逝的美丽园林的风采。屋顶花园融入了“九州清晏”最为著名的田、脊、泽等元素，田即为农田等层次丰富的绿化，脊将是人工堆砌成的小“丘陵”，而泽则由人工水池形成。圆明园的“九州清晏”被水系分割，当年是用大量的桥连接而成，因此在屋顶花园中，将在水面上三四厘米处，设立步道，让参观者穿梭水泽之间，体会清凉的感觉。

中国国家馆架空悬挑的设计，既气势恢宏、造型壮观，也留出了大片空地给参观者自由穿行。入口处广场，架空层平台，地区馆屋顶的城市花园广场，60米高处的国家馆屋顶，四个层次的公共活动空间，使建筑与城市环境融合，参观者可以尽览美景。

上海世博会中国馆

中国馆是个“绿色展馆”，处处渗透着生态节能环保技术和新材料的应用。上大下小的国家馆斗拱造型，本身就是自遮阳体；自然通风的架空中庭，使公共空间环境通畅；建筑屋顶上的太阳能电池方阵、用于“新九州清晏”花园循环灌溉的雨水收集系统……

中国国家馆

国家馆是世博会上代表各个参展国的展馆，东道国的国家馆，历来备受关注。中国国家馆将呈现中国在城市发展过程中作出的努力、取得的成就、未来所面对的挑战，是上海世博会主题演绎的主要展示区和重要载体。

中国国家馆“东方之冠”

中国国家馆“东方之冠”由4个钢筋混凝土核心筒立柱和钢结构组成，钢结构从柱高33.3米居中升起，层叠出挑，呈斗拱型。整个建筑用了56条横梁，代表中国的56个民族。横梁之间的拼接采用了在中国有2000多年历史的“斗拱”技术，就是不用一根钉一条铆就将它们拼接起来的技术。横梁的颜色用了充满欢庆吉祥特色的中国红，馆顶造型选择了代表中国古老智慧的九宫格，建筑风格充满传统沉稳的中国元素，蕴含了“东方之冠、鼎盛中华，天下粮仓、富庶百姓”的文化理念。作为上海世博园里永久保留的五项建筑之一，它也是惟一在2010年10月31日闭展后不会被拆除的国家馆，颇具“遗产价值”与“后续功能”。

2010年世博会中国国家馆的展示主题被确定为“城市发展中的中华智慧”。追根溯源，中国城市发展的独特性扎根在深厚的中华文化土壤中。指导中国城市发展的价值观、方法论是中华文化的亮点，而中华智慧也在城市这个载体上得到了淋漓尽致的表现。选取“城市发展中的中华智慧”作为中国国家馆的切入口，既为主题演绎提供了丰富的素材，也能展示中华文化与中国未来发展趋势的必然联系。

“城市发展中的中华智慧”被界定为“自强不息”、“厚德载物”、“师法自然”、“和而不同”等四项。

“自强不息，厚德载物”出自《周易》，概括了中华文化中对民族精神和民族命运关系的认识，也是对中国城市文化精髓和城市人精神的高度概括。

“师法自然”源自庄子的“人法地，地法天，天法道，道法自然”；“和而不同”源出孔子的“君子和而不同，小人同而不和”，反映了中华文化如何辩证地处理人与人、人与自然的关系，在中国城市形态的发展和城市生活状态中有着直接的反映。

中国国家馆“东方之冠”（局部）

整个中国国家馆的展览布局总共分三层：49米核心展示层“东方足迹”阐述城市发展理念的智慧；41米体验展示层“寻觅之旅”阐述城市营建的智慧；33米功能展示层“绽放城市”阐述城市生活的智慧。另外，将在一条长约300米、宽约3.5米的环形人行坡道上设儿童画展区，展现孩子们对中国未来城市的理想和期盼。

中国将通过上海世博会这个平台，更加全面、立体地展示中国各地、各民族多彩多姿的文化、各具特色的文明和发展成就，从而让世界人民更加全面深入地了解中国，进一步推动各地的对外开放和国际经贸合作、文化交流，加强与世界各地的沟通合作。

主题馆

上海世博会主题馆将向海内外的参观者传达本届世博会主题的精髓。这个馆将邀请全世界的青年建筑师、规划师都来参与。这个馆将是联体设计的创新设计，即是“无柱馆”，整个场馆没有一根柱子。这也是一个生态建筑，对太阳能的引入、导入将有大量的运用，节能减排也做了大量的设计。世博会结束后，这里将作为一个国际会展中心。这种纯粹的理念展示不带商业投资吸引倾向和国家形象推介色彩，以主题传递为导向、辅以生动丰富的参观体验设计，将为参观者带来有感染力的、有启示性意义的“城市·生活”主题体验。

2010年上海世博会主题馆鸟瞰效果图

上海世博会的主题涉及到人、城市、地球，以及足迹、梦想5个概念领域。围绕这5个领域，上海世博会设立了5个主题馆，其中“城市人”、“城市”和“城市星球”的3个主题馆位于浦东，使用新建展馆；对应“足迹”和“梦想”的“城市文明”与“城市未来”主题馆位于浦西，使用工业遗产建筑改造的展馆。

城市人馆围绕着人在城市里的生活来展开。生活质量首先意味着温饱和安全，其次是获得尊重、友情和爱，最后是自我实现、自我超越。城市人馆以这三种需求为主线，分“融入”、“生存”、“交往”、“自我实现”几个部分探讨城市如何满足人的需求、塑造人的生活，讲述城市中的“人的故事”。

2010年上海世博会城市人馆效果图

城市人馆--家庭展区

城市生命馆把城市看作是在自然系统基础上建立起来的包含社会、经济、文化等复杂活动的群体的“人为生命”。城市虽然是人为的构造物，但是当其发展到一定程度的时候，它就具备了自身的发展和运行规律，如生命活体一般与外部环境产生复杂的交互作用。同时，城市还具备灵魂和情感，是人类非物质文明的一部分。这个展馆将以生命为主线，纵览城市的生命历程，解剖城市的生命结构和灵魂，探讨城市的生命潜力。

城市星球馆展示城市生活对地球的影响。随着全世界城市人口的迅速增加和城市规模、数量的不断扩大，为了维持人类生存（包括自然资源消费和吸纳人类的废弃物排放）所影响的土地和海洋面积不断蔓延。这个展馆也分为四个部分，分别是“扩张与蔓延”、“消失的家园”、“城市——挑战和出路”和“共生、共赢”，集中展示人类、城市与地球万物的“共生”关系，表明一个更美好的地球未来需要各国的共识和人类社会的共同努力。

城市未来馆从“永恒的梦想”、“通向未来”、“无限的可能性”这三个部分展示人们对于未来城市的畅想。追求美好的生活，是人类一贯的诉求，从今天展望未来城市，一方面人类城市的种种现实、挑战和危机推动人们在狂想中寻找城市的出路；另一方面人类不竭的创新能力和科技的飞速进步也把人们引向不可思议的未来城市。

2010年上海世博会城市生命馆效果图组图

城市足迹馆，主要展示历史上的人们与城市、环境和谐相处的足迹。城市见证了人类对于美好生活的追求和人类文明的进程，这个展馆通过展示“艺术中的城市”和“城市中的艺术”，以博物精品的形式来诠释人类城市文明的足迹。

2010年上海世博会城市足迹馆效果图组图

在主题馆内还有两处特别的展示，一是公众参与馆，这是国际展览局在各届世博会的保留项目。在每一届世博会上都会特别预留公众参与馆或公众参与区，提供参观者进行互动交流。另一个则是为残疾人事业设置的“生命·阳光馆”。“生命·阳光馆”的主题是“平等·参与·共享”，展馆将注重残疾人的参与和互动，充分演绎“城市，让生活更美好”的主题。在上海世博会园区规划之初，上海世博会的组织者即已考虑到残疾观众的需求，世博会场馆将建有无障碍设施，并安排工作人员和志愿者为残疾参观者提供热情服务。

2010年上海世博会城市足迹馆效果图

主题馆的展示都将生动表达城市人的生活，城市的结构肌理和规律，城市和地球环境的影响、互动，城市历史的回顾和未来的畅想。

第二节 外国国家馆和国际组织馆

上海世博会将有241个国家和国际组织参展，来自世界不同文化背景的参展国家和国际组织，将对上海世博会的主题进行多元的展示。

上海世博会官方参展者的展览场地按照所在洲的地理位置或性质分布，展馆的性质分三类。

第一类为自建馆，指由官方参展者在组织者提供的地块上自行设计和建造的展馆。

第二类为租赁馆，指由组织者建造并租赁给官方参展者的独立展馆。

第三类展馆是指由组织者建造，并免费向发展中国家提供的联合展馆。这些展馆虽然是临时性建筑，但在消防、无障碍服务、环境卫生、安全防范、公共服务等方面都有齐全的配套。

目前已经有不少参展国、国际组织汇集了各自的精英设计力量，开始进行展馆的主题概念设计和展馆的规划策划。

2010年上海世博会波兰国家馆效果图

▲2010年上海世博会以色列国家馆效果图

▼2010年上海世博会沙特国家馆效果图

澳大利亚国家馆

屡获殊荣的创意团队Think!OTS为澳大利亚国家馆设计了三个引人入胜的活动区——“旅行”、“发现”和“畅享”，为参观者讲述澳大利亚的故事。

2010上海世博会澳大利亚国家馆效果图

第一个活动区“旅行”，将使游客认识澳大利亚的历史并体会它的独特之处。纵贯原住民历史及欧洲人定居后的澳大利亚历史，这场“旅行”将带游客领略一个完全不同的澳大利亚，超乎人们先前的想象和认知。此外，展览还将包括澳大利亚的多元文化及重要城市。

第二个活动区“发现”，运用高新科技，将为游客带来气势非凡的“视听盛宴”。届时，游客将全方位了解澳大利亚充满活力的现代化城市，在多个中立调查中，这些城市曾屡次入选全世界最适宜居住的城市名单。在可容纳1000人的高端环形剧场中，游客将进一步感受澳大利亚这片充满想象力的热土。

第三个活动区“畅享”，将为游客带来宛若置身于澳大利亚城市及乡村美景的真切体验。参观者将在此感受澳大利亚的自然美景、城市文化、友善的风土人情以及优越的生活质量。该区还将特设一个舞台表演区域，届时将有来自澳大利亚的艺术团每天为游客带来澳大利亚丰富多彩的世界级艺术和文化演出。

2010年上海世博会澳大利亚国家馆效果图

意大利国家馆

意大利国家展馆设计所呈现的是意大利对于未来“以人为本”城市概念的演绎：这里提出的城市发展模式既体现城市的革新发展，又兼顾对城市中历史遗产的保护，并保持整个区域的可持续发展。整个展馆被当作制造“微生态气候环境”的机器，建筑结构超前，展馆设计以传统意大利城市规划为灵感，处处让人联想到意大利老城区中典型的小路和弄堂。意大利将切合2010年世博会主题“城市，让生活更美好”，展出自己国家精品之作。意大利制造经常被演绎成“品质生活”的代名词，意大利将会利用世博会6个月的时间强化这一概念。

▲ 2010年上海世博会意大利国家馆效果图

挪威国家馆

挪威展馆由15棵“树”承重构建而成。参观区分成三个不同部分，以邀请所有的参观者身入其境、亲身体验。

迎接观众的第一个区域是海岸景观，着重介绍清洁能源。观众将有机会感受如何利用太阳能、风能、波浪能等可再生能源来改善城市的空气质量和气候。

在第二个区域，参观者将体验挪威的森林。但这不是传统意义上的森林，而是由一棵“知识树”来替代。这道景观的内涵是，怎样通过挪中两国之间的知识互补和共享，来找到新的可持续解决方案。该区域供展示各种科研项目所用，包括城市规划、木材利用的专门知识、树木砍伐和种植等。而参观者在最后一个区域将遇到的主题是湾峡和水。

展馆还为赞助商团队中的部分成员和其他合作伙伴设立了一个商务中心。这一区域主要供举行会议、研讨会和其它专题活动使用。区域的外观设计模仿山脉形体，既代表着这一位置的观景台效应，也隐喻着置身此处便能对整个展馆的全景了如指掌。

参观挪威馆的最后一站是北极景观。这一区域将设有餐厅、酒吧和商店。参观者可以在此品尝三文鱼、驯鹿肉、羔羊肉、挪威烈酒akvevitt和鱼肝油等挪威的风味美食。这一区域还将展出挪威在应对气候变化挑战方面所取得的科研成果。

▼ 2010年上海世博会挪威国家馆效果图

瑞士国家馆

瑞士将在世博会上推出主题为“城市和乡村的互动”的国家展馆。瑞士深刻地意识到城乡生活环境相辅相成、相互依存，为此，瑞士多年来一直在寻求可持续性发展的解决方案，以期在保全和维护自然环境的同时，也不断改善城区的生活水平。

2010年上海世博会
瑞士国家馆效果图

从建筑结构角度而言，瑞士国家馆体现了城市与乡村的和谐共存。这个建筑巧妙地将高科技和自然元素糅合在一起，实现了城市与乡村的完美平衡。该建筑采用两个承重圆柱支撑起一个巨大屋顶，屋顶上覆满绿色植被。馆内的两个圆柱和屋顶底面围成“城区”。参观者可以沿着各种扶梯在圆柱之间的内部展区穿梭而过。与此同时，由多功能区和餐厅组成的“城区”被特意隔开，即实现空间的分离又确保隔音效果。展馆坚实而粗糙的地面和声音、阴影、活动及恒久运动等特色正符合中国“阴”的哲学；而覆满植被的屋顶以其柔和的起伏地势与“城区”形成具有互补特色的对比，这片明亮、祥和的开放式景观则正好与中国“阳”的原理相呼应。连接两大区域的桥梁是一个观光缆车，它将搭载着参观者从倍感压力的城市释放出来，送至闲适惬意的乡村，最终回归城市。

奥地利国家馆

奥地利馆将最大程度地丰富参观者的感官体验，将利用音效和图片的形式来展示奥地利的城市与农村生活环境，集中展示自然和文化生活的精髓。通过触摸屏和多媒体的形式，中国的参观者将跨越东西方不同文化间的屏障，一目了然地认识和了解展示的主题。

▼ 2010年上海世博会奥地利国家馆效果图

这是世博会历届以来首次聘请视觉艺术家，也被称为VJs，将所有展示物品视觉化、感情化展现，以此加强奥地利展厅的效果。全展厅的音像视觉布局由世界著名的视觉艺术家设计。多元化的感官体验强调了由图像、录影和音像效果组成的全方位多媒体互动效果，多者相结合产生的奇妙感官体验将伴随着参观者畅游整个展馆。

非洲联合馆

非洲联合馆建筑面积达26000多平方米，占地规模相当于3个半标准足球场，4个外立面的面积总和达9500平米，是上海世博会11个联合馆中规模最大的一个。展馆室内净高9米，馆内各国家的占地面积均为250平方米。有42个非洲国家和1个国际组织（非盟）将在非洲联合馆内进行展示。

▲ 2010年上海世博会非洲联合馆效果图

树木、沙漠、海鸥、动物、建筑，这些富有强烈非洲特征的元素将呈现在非洲联合馆的外立面上，勾勒出非洲大陆独具多样性的风貌，展现非洲的古老文明和勃勃生机。

瑞典馆

瑞典馆，以“创意之光”为主题，展现城市与乡村的互动，采用传统的城市建筑，突出展示木材在建筑领域的运用。

▶2010年上海世博会瑞典国家馆效果图 瑞典馆采用胶合木建设，防火、防震效果良好。

卢森堡馆

卢森堡馆的“小也是美”则像一个被绿树环绕的开放堡垒，向参观者提供现代化舒适的生活体验。

2010年上海世博会卢森堡国家馆效果图◀

西班牙馆

西班牙馆的外形则好像一个柳条“篮子”，复古而又创新富有浓郁的地中海气质，表达了热情奔放的西班牙人“享受城市，享受生活”的历史传统。

2010年上海世博会西班牙国家馆效果图

尼泊尔馆

尼泊尔馆的“加德满都城的故事——寻找城市的灵魂：探索与思考”，截取加德满都在2000余年的历史上作为建筑、艺术、文化中心的几个辉煌时刻，通过建筑形式的演变来展现城市的发展与扩张，体现了一个亚洲古国的文明和美。

2010年上海世博会尼泊尔国家馆效果图

荷兰馆

荷兰馆则轻松明快，它以“快乐街”为题，将人们的想象力引到了充满快乐的“街道”，变换多彩的灯光效果以迎合参观者们多样化的兴趣和味。

阿联酋馆

阿联酋馆将以独特的方式告诉世人有关能源利用的故事，提醒人们不要忘记先人想出特殊方式解决困境的经验。

2010年上海世博会阿联酋国家馆效果图

加拿大馆

加拿大馆将在其立体几何状的展馆中展示“充满生机的宜居城市：兼容并顾、改革创新、持续发展”。

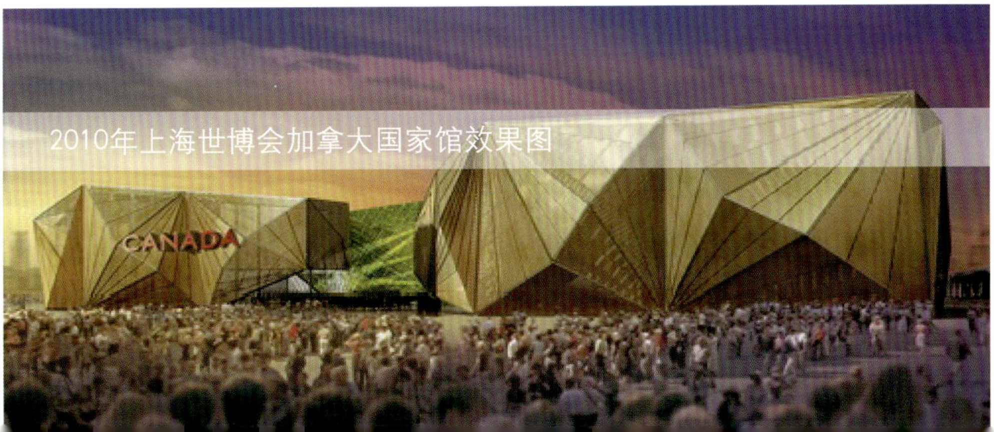

2010年上海世博会加拿大国家馆效果图

第三节 企业馆

1851年英国伦敦举办第一届世博会以来，企业始终活跃在世博会的舞台上，对人类的科技进步和创新做出了巨大贡献，而世博会也为企业扩大影响力、提升品牌价值提供了平台。

2010年上海世博会上海企业联合馆效果图

自1933年芝加哥世博会企业首次获准建立独立展馆以来，参展企业得以在更广泛的领域、运用更灵活的手段，向世界展示企业的科技水平和独特文化。企业馆已成为世博会精彩、成功不可或缺的元素。

2010年上海世博会中国船舶馆效果图

根据规划，上海世博会浦西园区的D、E片区内将有11万平方米的土地面积用于建造企业馆。预计企业馆总数为16个，其中14个为新建建筑，其余两个则利用老厂房改建。上海世博会邀请了来自海内外的著名企业前来参展，各个企业馆将通过令人目眩的高科技来演绎世博会主题，成为世博会上引人瞩目的亮点。

2010年上海世博会信息通信馆效果图

上汽-通用汽车馆

上汽-通用企业馆将展示对于2030年未来城市交通的远景，参观者将亲身体验未来的汽车与城市交通系统，畅游于触手可及的美好汽车生活画卷中。期望在2030年，车辆将远离对石油的依赖，远离尾气排放，城市道路也将远离交通堵塞和事故，而驾驶乐趣将远远超过以往的任何时候。

2010年上海世博会通用汽车企业展馆效果图

展馆以“旋动”——旋转与升腾的动力为题，大自然与汽车工业得以巧妙关联。设计师将汽车造型设计的手法融入整体造型中，使其呈现螺旋升腾之势，看似不断迸发着无穷的能量。流畅的线条、工业的元素，在尽抒非凡的时尚感与未来感的同时，也将汽车的灵动、速度、优雅等气质尽情演绎。

2010年上海世博会通用汽车企业展馆效果图

无论在地面大型广场还是高架平台上，参观者步移景异，摄入眼帘的建筑轮廓线高低错落、变化无穷；“天使之眼”、“炫动舞台”、“未来之窗”，数个充满奇思妙想的主题也将提供给参观者非凡的感官体验。另外，由于展馆表面采用先进金属材料，好似一件炫酷外衣，质感十足。投影、LED、变色玻璃的应用，使其产生丰富的肌理变化，兼具随机性与主题性。

步入展馆内部，等待参观者的将是全球首创的尖端视觉与动态体验。穿梭时空直达2030年，人们对于“汽车”和“道路”的概念将被彻底颠覆；交通阻塞、空气污染和交通事故，也将不复存在。

展馆设计将世博会生态理念融入其中，因地制宜地结合世博会举办期间上海地区的气候特点，并在建筑节能环保上进行了探索。此外，新技术、新材料、新工艺的大胆融入，均为建筑的可持续发展做出了有益的尝试。

2010年上海世博会太空家园馆效果图

太空家园馆

“太空家园馆”的主题是“和谐城市，人与太空”，将通过天·地·人的展示脉络，划分为梦想起源、漫步太空、美好家园三个展示区域，为观众展示中国航天人的探索精神，以及航天技术发展应用对人类生活的贡献；并将回归地球的航天技术与电子科技相结合，展现在航天技术和电子技术的引领下，绿色、安全、智能化的未来家园。

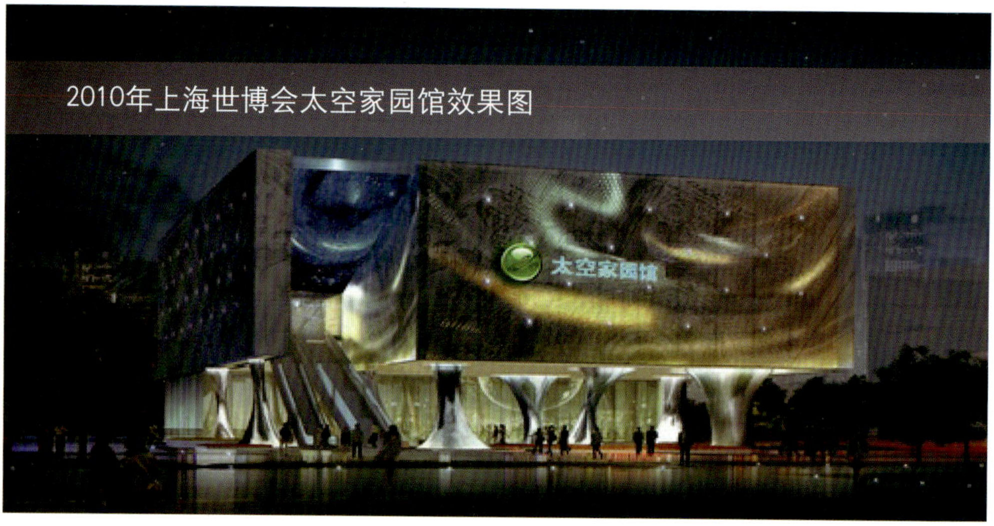
2010年上海世博会太空家园馆效果图

石油馆

石油馆四面采用了PC板材结合LED背景光源作为建筑外表皮，面积达到3600平方米。这是国内首创采用如此大面积的异形PC板材作为建筑外表皮，也是国内首次运用如此大面积的LED背景光源。展馆造型简洁、大气、稳重、极富时代感和行业特色。一根根纵横的管道编织在一起，象征着石油石化行业蓬勃向上，持续发展的美好愿景，预示着石油石化行业与未来城市、美好生活密不可分的关系。夜幕下，展馆将呈现出晶莹剔透、七彩动感、美仑美奂、异彩纷呈的光影效果。

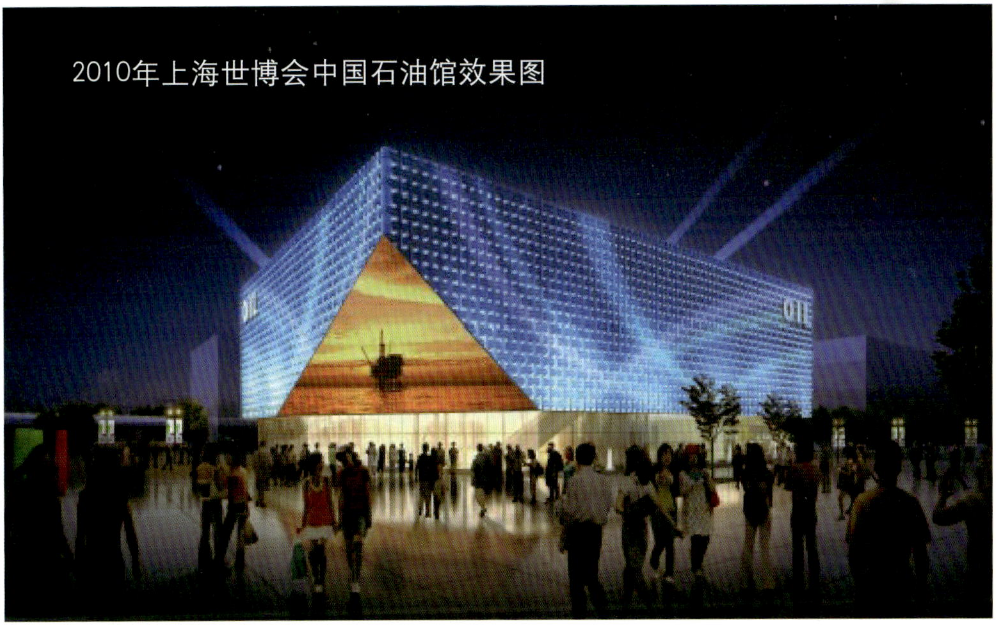

石油馆空间布局分为预展区、主展区和尾展区三部分。预展区通过多媒体技术结合石油石化行业的虚拟场景，拉近石油与参观者的距离。主展区采用3D影院充分演绎和诠释“石油，延伸城市梦想”的主题。尾展区展示三家企业的业绩、文化、科技和未来。

第四章 上海世博会是参展各国各地区的良好机遇

第一节 发达国家走出金融危机的机遇

当前，全球经济因受金融危机冲击而增长缓慢，尤其是西方发达经济体普遍陷入衰退。面对这一不利局势，上海世博会将对全球经济起到推动和刺激作用。全球经济将需要一年半左右的时间才能复苏，也就是上海世博会召开之际，在这样一个“关口”登上上海世博会的舞台展现自己，无疑会让企业抢占下一轮增长的先机。

上海南浦大桥

上海是中国经济最发达的地区之一，与世界各主要贸易国家建立了长期的经济联系。中国加入世界贸易组织后，上海与各国的经济合作将更加紧密，越来越多的外国公司进入上海。目前，在中国设立地区性总部的跨国公司，已经达到200多家；列入《财富》500强的跨国公司，已经有300多家在上海及长江三角地区有直接投资和业务。该区域包括沪苏浙皖三省一市，以占全国3.6%的土地，创造占全国24.7%的GDP。目前对于与中国有直接业务往来的跨国公司，都是世博的积极参与者和密切的关注者，而准备进入中国，特别是长江三角地区的跨国公司，也将是潜在的参与者和关注者。世博会将向他们提供一个进一步了解中国、广交朋友的重要场所。

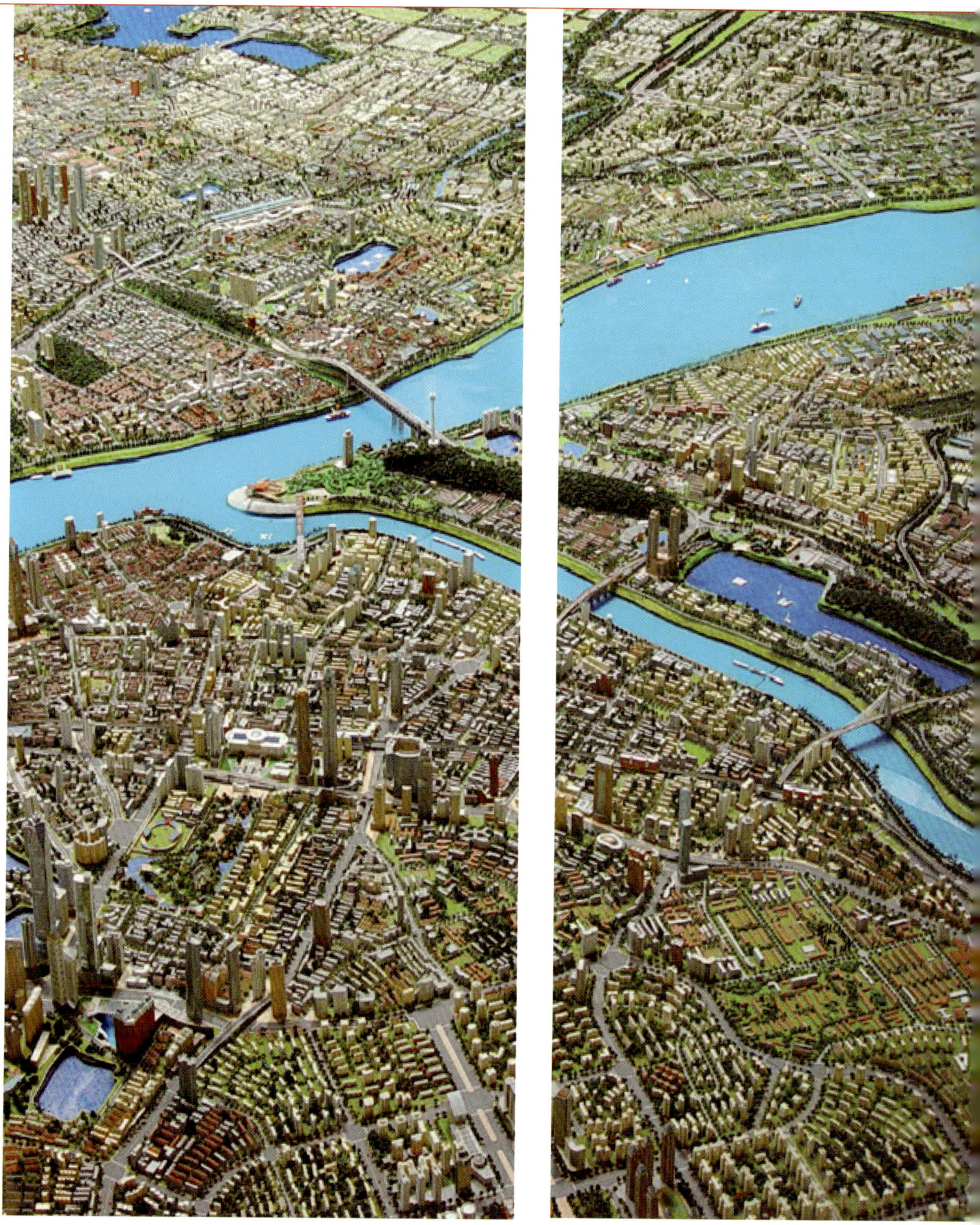

上海中心城区规划（沙盘模型）

企业参加世博会是为了实现不同的目标，不同的目标和动机可有几个方面：

品牌形象。努力展现企业的宗旨和特点，利用全面的公关宣传活动来扩大企业的参与效果，提升企业的总体形象，扩大企业在国际上和举办国、举办地区的影响力，整体上提升企业品牌的知晓度和认同度。

理念立场。就全球关注和主题相关的问题，阐述某些观点（如通过环保、可持续发展等展现某种生活方式的多种好处），或捍卫一些立场，维护企业自己的观点和态度，同时展示新的发展模式和趋势。

科技发展。利用世博会开发和展示企业最先进的技术成就，吸引全球科学家和研究人员在国际水平上交流科学技术信息，为相关领域的知识和技术发展起到催化作用，实现科技新突破和发展。

教育启蒙。提高参观者知识水平，启蒙和教育民众（尤其是年轻一代），增强他们对相关领域和企业的了解与兴趣，培育潜在的客户群和利益集团。

展示交流。结合世博会主题和企业从事业务涉及的特殊领域，进行科技、商业等方面的专业技能展示，通过实物（或模型）展示、视听、推广活动等方式，宣传企业提供的产品或服务，实现和参观者之间密切的交流与互动。

商业机会。在资金和营运的各个层面参与世博会的活动与合作项目，争取从世博会的商业机会中得到相应的经济回报。

跨国企业出于不同的动机，采取各种各样的形式和方法参与世博会，有侧重于主题研讨和科技活动方面的，有侧重于设立企业展馆进行展示的，有倾向于商业盈利方面的，也有部分企业全程、全面地参与世博会，希望通过参与实现上述全部或者绝大多数目标。

蕴含多重科技设计理念的世博轴（模型）

韩国贸易协会本部长朴英培表示，中韩两国经济贸易频繁，韩国企业非常重视参与上海世博会。韩国丽水将于2012年举办专业类世博会，上海世博会的举办将成为韩国丽水世博会的成功基石。韩国将作为世博会的成员之一为上海世博会做贡献。 韩国贸易协会牵头，联合十多家韩国一流企业参展上海世博会，充分体现了韩国企业界的远见卓识。

2010年上海世博会韩国国家馆效果图

日本产业馆是由日本企业和部分地方政府以联合参展的方式在上海世博会建立的一个大规模企业馆。日方代表表示，中国对于日本来说，在历史、文化交流以及经贸往来等方面都是最大的合作伙伴之一。在中国举行的2010年上海世博会除日本政府参展以外，还应该有日本民间企业和地方政府来展现更多的智慧、技术和理念。

通用汽车（中国）投资有限公司总裁兼总经理甘文维（Kevin E Wale）说，即便当前身处困境，通用美国总部的决策层及员工同样认为参展上海世博会是一项正确的、富于远见的决策，因为中国市场已成通用的“利益攸关方”，而预计吸引7000万人次的世博会，无疑是通用提升企业形象、增强发展信心的“一次极其珍贵的机会”。

2010年上海世博会日本产业馆效果图

2007年，通用及其中国合作伙伴在中国市场的汽车年销量率先突破100万辆，而这是众多跨国汽车巨头梦寐以求的目标。2008年遭遇金融危机，同样实现了6.1%的增长。最近，通用进一步宣布，未来5年将在华汽车年产量翻一番，达到200万辆。甘文维介绍说："我们还在考虑让中国工厂生产更多元化、具有通用优势的产品，不仅满足中国市场，还要提升汽车出口能力。"

可口可乐(中国)公司副总裁鲁大卫（David Brooks）透露，可口可乐公司将把对上海世博会的支持作为契机，展现公司对中国市场不变的承诺。虽然目前全球都处在金融海啸中，但是作为2010年上海世博会的全球合作伙伴，可口可乐对于世博会的资金投入并不会因此减少。

2010年上海世博会可口可乐企业馆效果图

作为担任过可口可乐奥林匹克项目部总经理的鲁大卫，在谈及世博与奥运会的营销区别时指出，奥运会举办只有16天，而世博会的时间更长，同时其主题也有变化，一个主攻体育，而另外一个更趋向于新技术领域。

可口可乐(中国)饮料有限公司总裁戴嘉舜也表示，成为世博会全球合作伙伴后，可口可乐将动用其覆盖全球的产销网络，将上海世博会的美好信息传递给世界各地民众，同时参照支持北京奥运的经验，可口可乐的众多全球知名形象代言人也有望助阵上海世博会。

根据可口可乐相关部门的保守估计，在为期半年的展会期间，将吸引七千万人次到访的上海世博园，有望创下三千五百万人次每人购买一瓶以上软饮料的消费新纪录，潜在商机更是难以估量。与之相关的是，可口可乐正逐步增加在华投资力度，新近已宣布投资8000万美元在上海设立全球创新及技术中心，并在中国内地新建两家工厂。

2010年上海世博会台湾震旦集团馆效果图

台湾办公自动化设备的领先企业震旦集团，自充分了解上海世博会主题以及对自建企业馆的展示要求之后，积极主动地与上海世博局联系，询问参与上海世博会的相关情况。去年年底，台湾震旦集团董事长陈永泰派总经理赖任辰专程往返沪台两地近20次，对“震旦馆”的主题陈述参与方案作了认真准备。同时，震旦集团还邀请专家、学者对“震旦馆”进行策划，组织了专业团队多次听取上海世博会组织者和专家的意见，紧紧围绕上海世博会“城市，让生活更美好”这一主题，力求在上海世博会的舞台上向全世界展示中华璀璨文化的历史精髓，为上海世博会添上精彩的一笔。

第二节 发展中国家的难得机遇

根据中国申办世博会时的承诺，中国政府将为发展中国家提供总额为1亿美元的参展援助。依照联合国和世界银行的标准，相关发展中国家平均可获得65万美元的援助，非洲大多数国家都在受援之列。统计显示，目前非洲全部53个国家中已有50个确认参展上海世博会，其中近五分之一的国家从来没有或已多年没有参加过世博会。

中国是世界上人口最多的国家之一，拥有世界人口的六分之一。中国经济的总量比较大，2008年达到了4万亿美元，从这个意义上来讲，中国能够发挥重要的作用，刺激全球经济发展。但中国仍然是一个发展中国家，人均GDP只有3000美元的水平。在2009年夏季达沃斯论坛上，中国国家发展与改革委员会副主任张晓强表示，中国将从贸易、技术、投资等方面进一步加强与发展中国家的合作，共同分享在应对国际金融危机方面的一些经验和体会。中国作为一个最大的发展中国家会尽全力以不同的方式帮助发展中国家。中国将会不断的对发展中国家提供不同形式的援助，不管是贸易、还是鼓励中国企业到发展中国家进行投资等方法。同时，中国也非常关注与非洲各国家之间的合作，因为非洲国家也在此次国际金融危机中受到了很大的损害，中国将会采取一定的措施，以不同的方式来援助非洲国家。

上海世博会的举办为各发展中国家提供了很好的交流平台，也为发展中国家与各发达国家之间的交流提供了影响深远的舞台。相信通过上海世博会，各发展中国家会加快城市化进程，促进社会、经济等方面的较快发展。

2010年上海世博会世博轴阳光谷效果图

万科是中国房地产业的龙头企业之一，是上海世博会非合作伙伴企业。“本届世博会的主题是‘城市，让生活更美好’，房地产行业是推动城市化进程的最重要行业之一，作为中国房地产行业的代表企业，衷心希望万科在世博会这个全球舞台上所传递的企业的价值主张和社会责任，让全世界对中国企业留下新的美好印象。”万科总裁王石先生造访上海世博局时表示，“能参与世博会是企业的一种荣耀。上海世博会充分利用旧厂房进行场馆改造的设计理念，给万科留下了深刻的印象。万科在建企业馆时，将强调速度、质量和责任。万科的使命是‘建筑，无限生活’，这与‘城市，让生活更美好’的世博会主题非常贴近。万科将在国际展台上以一种震撼的表现手段，展示和演绎人类社会共同关注的话题。”

上海世博会中国民企联合馆的诞生充满着意外。在国际金融危机背景下，一家全球知名的跨国公司突然退展，后改由只有不到30年历史的中国民营企业接手，将让人们看到全球经济天平正在悄然改变。

中国休闲服市场的领导品牌之一，美特斯邦威董事长周成建接受记者采访时说，希望通过参展上海世博会，中国民营企业能在世界舞台上有所突破，在创新与融合中共同参与和见证这段历史，为打造中国民族品牌全球化的梦想而努力。

中国民营企业前30强，红星美凯龙集团董事长车建新在解释参展世博会的原因时说，借助2010年上海世博会进一步提升企业的内涵和文化，让消费者对生活充满激情，对生活充满梦想。

EXPO
SHANGHAI CHINA

2010年上海世博会万科企业馆效果图

中国家电连锁零售企业领先者，苏宁电器股份有限公司总裁孙为民表示，经过30多年的改革开放发展，许许多多的民营企业已经完成了原始的积累，有了一定的规模，在综合化、多元化、国际化的进程中间迈出了可喜的步骤。“在今天中国民营企业有联合起来向世界展示的机会时，我们更愿意把这样一个理念透过专家大师的手法表现出来，用国际的语言来展示今天的中国民营经济。”

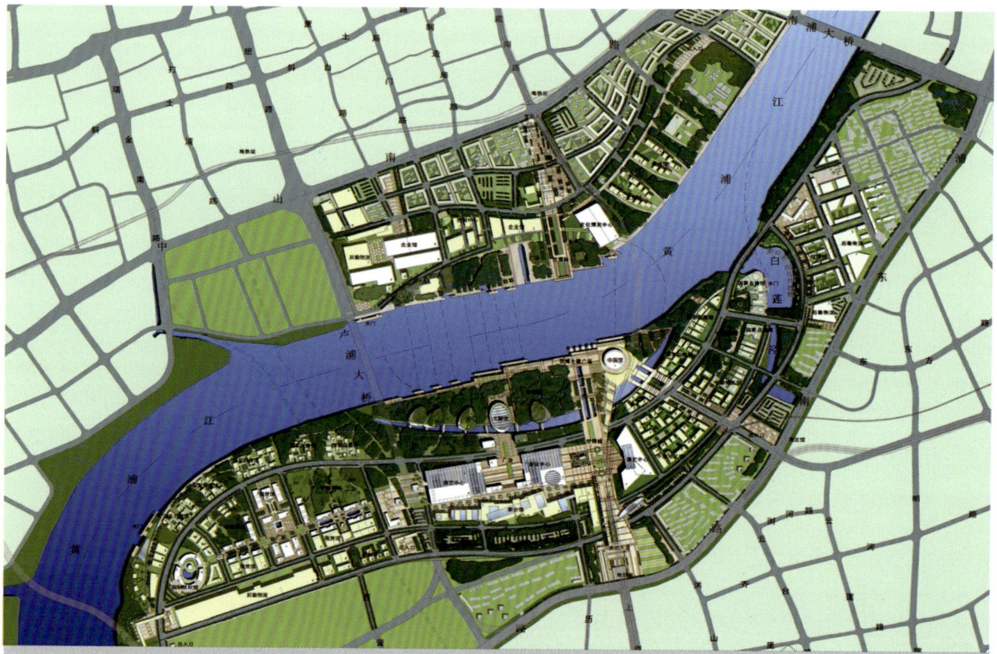

2010年上海世博会规划图

上海市政协副主席、上海世博会执委会副主任周汉民表示，民营企业联合馆的地位相当重要，因为它要向世界展现改革开放30多年来中国民营企业的艰辛发展历程。民营企业联合馆将与其他参与世博会的企业馆一起，成为引领高科技发展，展示高科技水准的重要组成部分，成为上海世博会的亮点。

EXPO 2010
SHANGHAI CHINA

第五章 上海世博会是中国经济难得的机遇

对中国来说，上海世博会是全方位展示中国政治、经济、文化、科技和社会发展成就的舞台，将有助于增进其他国家对中国的了解，加强相互交流和合作，促进中国的经济社会全面协调发展，提升国家形象，以及中国国民的自豪感和凝聚力。对于上海来说，举办2010年世博会的意义和目的不仅仅局限于世博会本身；更重要的是，世博会可以成为推动上海经济发展、城市建设，加快社会事业发展，塑造上海城市精神的重要契机，也是上海实现国家战略、加快国际经济、金融、贸易和航运中心建设步伐的重要载体。

上海世博园局部图（模型）▶

EXPO 2010 SHANGHAI CHINA

第一节 世博会给中国带来的发展机遇

世博会对一个城市、一个国家的经济拉动具有持久的影响。日本继1964年在东京举办了奥运会后，1970年在大阪举办了世博会，向世人展示日本在二战后各方面取得的巨大成就。世博会的举办极大地拉动了日本经济的增长，对日本的社会、经济、文化等各方面均产生了积极影响。从1961年到1970年的10年间，日本经济年均增长11.6%，日本国内的许多基础设施包括新干线都是在这个时候兴建的。大阪世博会标志着日本跻身发达国家的行列。

▲ 1970年日本大阪世博会会馆——太阳塔

2010年上海世博会俄罗斯国家馆效果图

2010年世博会将对中国和上海的经济起到显著的拉动作用，其幅度可能是举办奥运会的两倍。中国有关方面估计，举办奥运会，在筹备至举办期间，对中国国内生产总值的拉动每年在0.3%左右，而举办世博会对国内生产总值的拉动可能将是每年0.6%。根据过去举办世博会城市的经验，世博会的建设和投资也将促进举办城市的基础建设和经济发展，后续影响更将持续达10−15年。另外，世博会也将带来可观的旅游收入。

一届世博会对于经济最大的作用，在于城市知名度的提高，民众开放意识的提升，还有基础设施的完善。到2010年上海将有两个国际机场，两个火车站，开辟近20条国际集装箱航线，通达160多个国家和地区的400多个港口；上海还将建成连接黄浦江两岸的7条隧道，6座大桥，以及内环、外环和交环三条环线，还将建成近400公里的轨道交通线和一批客运交通枢纽；在世博会展区周围有3条城市轨道交通线和3个公交枢纽，在世博会场地的内部，交通是以方便行人的平行电梯和电瓶车为主，使所有参观者都能够通过便捷、舒适、高效的交通工具来参观世博会和到上海周边地区旅游

中国 · 上海

与世博会相关的经济活动包含三方面的内容：

一是举办地为了筹办世博会所进行的一系列经济活动，以及对周边地区产生重大的影响和辐射；二是开发世博资源所进行的经济活动；三是发展区域经济，实现区域经济一体化的相关经济活动。

中国 · 上海

对毗邻上海的“长三角”各城市来说，世博会的举行无疑是一次经济腾飞的大好契机。据估计，世博会将产生超过30亿美元的直接投资，引发的延伸投资为150亿至300亿美元；半年的展期，预计将吸引海内外参观者7000万人次，旅游收入将达800亿元人民币。预计世博会的7000万客流中，将有35%左右继续在“长三角”地区游览，会对“长三角”主要城市形成很强的辐射作用和财富溢出效应。筹备世博会期间，世博经济每年对上海GDP增长的拉动约为2%，对上海周边“长三角”地区投资的拉动约为30%。举办当年，对上海GDP增长的拉动预计约为5%，对上海周边“长三角”地区投资的拉动将超过50%。“长三角”地区城市群是中国经济最活跃的地区之一，上海举办世博会必将促进这一区域城市经济的进一步加速发展。

同时，举办世博会不仅仅是促进经济发展，还将带来文化思想的交流碰撞、融合发展，促进国家软实力的提升。纵览世博会150多年历史，不难发现，世博会留下的精神遗产，远远大于物质遗产。对于主办国来说，举办世博会的真正目的，在于启迪整整一代人的思维方式，更为重要的是能够让本国人打开眼界，触摸世界。

2010年上海世博会杭州“五水共导”参展案例效果图

上海世博会的主题是“城市，让生活更美好”，上海世博会向世人展示的不仅是城市发展的理念，而且是城市发展的实践。对于正处在大规模城市化发展进程中的中国来说，具有针对性和现实意义。通过上海世博会，中国可以了解目前世界先进城市的发展理念，解决人类目前共同关注的城市发展问题，在学习与综合世界各地城市发展理论与实践成果的基础上，引领中国未来城市的发展。

举办世博会是国家形象的展示。上海世博会的会期为6个月。在这6个月中，世界各地的政治家、企业家、科学家、艺术家将云集在中国，上海将成为世界聚焦的中心。这有助于增进其他国家对中国的了解，有助于加强相互交流与合作。

世博会虽然在一个城市举行，但它代表的不是一座城市，而是整个国家，举办世博会是国家行为，世博会是全中国的机遇。

2000年德国汉诺威世博会上的中国馆

世博会举办前的建设期

2010年世博会5.28平方公里世博园区（包括主要展览场地、世博村（为世博会国内外参展国家和国际组织工作人员提供住宿、办公、餐饮等配套服务的建筑群）和停车场）的建设总额将超过30亿美元，由此带动的交通、商业、旅游、旧区改造等延伸投资可能是直接投资的5至10倍，需150亿美元至300亿美元。与世博有关的基础设施投资（交通、电信、供水、供电和接待每天30−40万人次等）约200亿美元，将导致上海固定资产投资大幅增长。

世博商机也将带动国内社会投资增长，如宾馆改造投资、土地增值与房地产开发互为推动及房地产业带动相关产业增长（建材、装潢、家电等）。上海黄浦江杨浦大桥至徐浦大桥之间两岸四个重点区域的投资就超过500亿人民币。

世博的商业题材，将吸引国际投资者。根据凯恩斯投资乘数理论，不管哪一种投资都会带动需求成倍的增加。预计世博会直接投资和间接投资将达1000亿人民币左右。2003年至2010年间平均每年推动GDP增长0.5个百分点，受宏观经济驱动，预计上海每年保持投资增长5%左右，这样到2010年资本形成总额达3600亿人民币左右。

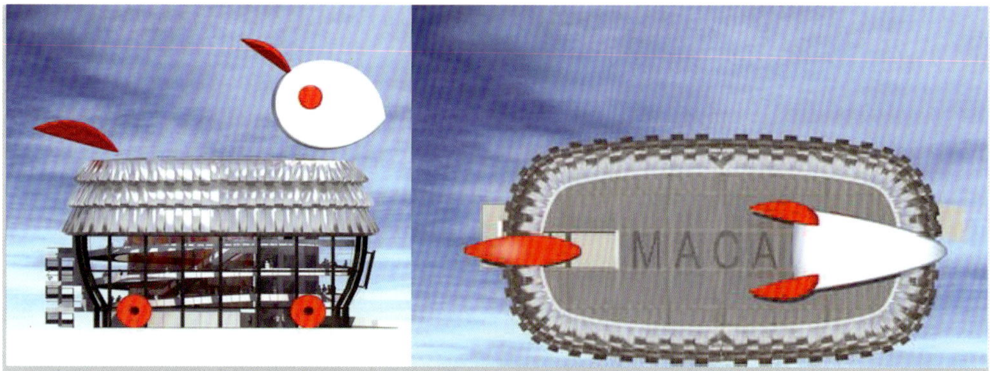

2010年上海世博会澳门馆效果图

会展举办期

世博前期工程建设完后，进入经济运作期间，也可称为会展阶段。会展阶段对“世博园外”的经济影响和发展贡献更大，这种影响力和世博会对旅游业以及同旅游相关的产业具有巨大的刺激力息息相关。大型博览会的举办，其最直接的收益者往往是该城市的旅游业。世博会具有旅游吸引体的功能，可以吸引国内外的旅游者纷至沓来。根据预测，上海世博会的参观人数将超过7000万人次，届时上海旅游业的直接收入将达144.2亿元。在上海世博会的7000万参观者中，预计将有30%至35%继续在华东地区游览。这意味着上海周边100公里范围内以苏州、周庄、同里、乌镇等为代表的水乡，150公里至200公里的无锡、杭州，300公里的南京、扬州、镇江以至中国最为富庶的整个华东6省1市，都将成为上海世博会的重要客源地，同时受到上海世博会直接的辐射和带动。

2010年上海世博会世博轴效果图

与旅游业息息相关的服务业也会受到世博会的有利刺激，根据世界旅游组织的测算，旅游每增长直接收入1元，其相关行业的收入就能增长4.3元。意大利热那亚博览会期间，旅游业所拉动的综合效益相对于其前期投资有11倍之多。世博会期间数量巨大的旅游者对商品零售业的增长带来很大的空间。如日本大阪世博会的总入场人数达到了史上最高的6400万人，这些观光客使得会场附近地区的消费活动普遍兴旺，大阪地区的百货商店销售额提高了很多。

举办后的后续效应

世博会集中体现了会展经济、旅游经济、进出口贸易等多种经济活动，涉及建筑业、制造业、运输业、商业、服务业等诸多行业，会产生巨大的需求，将对上海乃至全国的经济发展产生持续有利的推动作用。

2010年上海世博会浦西园区世博轴及高架人行平台鸟瞰图

世博会是中外文化的大交融，它不仅让人们大开眼界，还能促成人们精神层面的提升，而素质的提高是一个积累性的过程，所以中国人会变得更加文明，这就是世博会投入带来的文化效应。世博会的举办将全力提升中国的国家精神和国民的道德素质。

世博会能给中国尤其是上海带来持续的、无法计算的后续经济效益，有历史可鉴。1970年日本大阪世博会之后形成了关西经济带；艾菲尔铁塔是1889年法国世博会建造的主题塔，至今已成为法国和巴黎的象征，让法国相关行业受益无穷。上海世博会一旦举办成功，将成为中国“长三角”地区的新动力。

世博会是一个工业博览会，提供了一个很好的产业和技术交流平台，几十亿美元构建的软件和硬件体系不会因为博览会结束而瓦解；另一方面，世博工程项目有很高的艺术性，能够吸引很多国际人士来参观，提供了一个文化与旅游交流的平台，上海便可以成为一个国际旅游中心城市。根据2010年世博会的规划方案，世博会的一些场馆将永久地作为国际经济、文化、科技交流的场所。从这一角度而言，2010年世博会将是一届永不谢幕的世博会。

2010年上海世博会浦西园区世博轴及高架人行平台效果图

第二节 世博会的整体投入规划

从上海世博会的投融资角度看，上海世博会投资规模原来预测为30亿美元，约合人民币200多亿元，由于规划方案的调整和完善，世博会实际投资规模比原计划有所突破，预计投资总额将会达到300亿人民币左右。其中，约30%为政府支出，40%到50%为商业贷款，20%到30%从市场筹得，包括发行债券、文化彩票及上市募资。世博会场地前期开发预计总投入约为200亿人民币，世博会场馆建设投资和运营费用预计为106亿人民币。而由此带动的产业结构调整、交通、商业、旧区改造等延伸领域投资约是直接投资的10倍，相关配套投资将达3000亿人民币。从历史看，世博会要想直接盈利并非易事。纵观世博历史，盈利、持平和亏损的世博会各占1/3。2010年中国上海世博会将让30亿美元发挥最大作用，实现持续扩大的连动效应。

2010年上海世博会世博园区鸟瞰图

2010年上海世博会世博园区白莲泾码头透视

如此大的投入，仅靠政府的投入和银行贷款是不够的。为此，上海世博会的组织机构在发挥政府主导作用的同时，努力借鉴国际成功经验，不断创新和完善世博会投资建设和经营，形成政府投资和企业自筹、社会融资、外资参与相结合多层次、多形式的投融资渠道，使政府财政资金发挥杠杆作用。有效开辟多渠道的融资渠道、利用多种融资手段保证世博会建设的顺利进程，不仅能够实现世博会的成功举办，更重要的是能够为中国城市建设以及金融服务业的长远健康发展积累宝贵的经验。

第三节 世博园建设，极大推动上海城市建设的可持续发展

上海申办世博会成功是世界对中国经济发展的肯定，也是对中国可持续发展理念的肯定。自从1974年美国的斯波坎世博会将“无污染的进步”写进世博会的主题，每一次世博会都见证着人类在生态文明方面的进步与发展。“城市，让生活更美好”是上海世博会的主题。上海世博园的建设将告诉世人城市如何让生活更加美好。

2010年上海世博会旧厂房改建设计效果图

为治理改善环境和打造更适合居住、生活、工作的城市，上海连续实施了3个三年环境保护行动计划，每年投入经费占GDP比重高达3%。随着GDP总量每年以两位数增长，上海对环境投入的绝对额相当可观。如今，上海的空气优良率已经达到国际水平；苏州河治理取得关键性进展；重大工程的“绿色施工”理念得到普及；节能降耗的概念深入人心；以崇明开发为代表的国际环境合作大规模展开。与此同时，上海坚决淘汰高耗能、重污染的行业及其企业，通过世博会将创新升级的中小企业拉动起来。在成功申办世博会后，上海几乎各个学校都开展了环境保护理念的传播，新能源、新技术等可持续发展的最新信息常常出现在中学生的辩论比赛中。

上海世博将实现零排放、太阳能、江源动力。世博会的场馆设施规划中，老厂房、老建筑被保留改造，使历史与未来紧紧相握。在参展国的分展馆建设中注重生态环保，荷兰馆、英国馆、德国馆等考虑到临时性场馆特点，都不同程度使用环保和可拆卸建材，体现了可持续发展原则。

目前，中国正处于加速城市化进程的关键时期，城市的整体功能建设、城市的生态环境建设和城市宜居规划等等都关系着未来城市的走向，而上海世博会汇聚了全世界的智慧，为中国其他城市提供了一个未来城市的典范。

2010年上海世博会船坞改造鸟瞰

第四节 世博会举办对行业的拉动作用

举办世博会对国民生产总值的拉动可能是奥运会的两倍。据有关资料，举办奥运会对GDP的增长有0.3%的拉动，而举办世博会则至少有0.6%的拉动。例如，韩国1998年奥运会带来的经济效益约是36.6亿美元，而1993年举办世博会所带来的经济效益高达120亿美元以上，远高于奥运会。世博会的基础设施投资，可促进固定资产投资增长，拉动国内社会投资的增长，引发外商直接投资增加等等。从时间序列看，上海世博会对行业的拉动效应分为筹备阶段（建筑工程、房地产）、消费提升（餐饮旅游、商业零售以及交通运输）、后世博效应（旅游、商业地产）三个阶段。

2010年上海世博会园区样板组团项目规划效果图

EXPO
SHANGHAI CHINA

上海·黄浦江畔

房地产业

从历史经验看，世博会将是房产业的一个大机遇：1889年巴黎世博会，水景场地、艾菲尔铁塔的运用为中心城区刮起重建之风；1893年芝加哥，哥伦布展览会设计推动了“文化城市”运动，并刺激了该地湖滨绵长的网络；1986年温哥华世博会将一个主要港区催生为该市一个热闹的新区。

2010年上海世博会城市最佳实践区案例 澳门老当铺德成按

从建筑理念上，领先一步的世博会方案，给中国房地产业带来诸多启迪。

一是先进性，世博会的规划设计涵盖着一种先进的理念：绿色城市、生态城市、数字化城市、园林城市、智能化城市等；这些代表国际先进水平的房地产规划理念，是整个产业的发展方向。上海世博会的主题，“城市，让生活更美好”，让中国乃至世界展示全新的城市发展理念和最新科技成果，而城市发展最直接的体现就是房地产业的科技进步，各种环保节能产品的应用，可持续的设计思想等等，世博会的示范作用将对中国房地产业的发展方向产生深远影响。

2010年上海世博会园区样板组团项目效果图

二是独特性，世博会的规划设计包含着中国情结，是一种中国文化融入世界文化的反映，其中建筑群和标志性建筑尤其突出这种独特性。城市建筑是对一座城市最直接的感官认识，城市的面貌体现了一座城市以及国家的文化特色。房地产业在整个城市规划建设中的地位举足轻重，设计理念的文化内涵对传承中国文化作用巨大。世博会的规划设计不失为一个优秀的行业范例。同时，代表世界先进设计思想的各国家独立展馆，也为中国的房地产设计提供了很好的学习机会。

三是整体性，规划设计要科学合理地保留历史遗存，融入城市整体风格。此次上海世博园区的规划中，全部保留了有历史意义的老建筑，在不影响整体布局和展出功能的基础上，让昔日辉煌的历史建筑得以保存和再利用。在房地产业的发展中，必然面临革新与保留的矛盾，如何科学合理地处理二者的矛盾，让历史遗存得以延续，世博园的规划建设起到积极的示范作用。

2010年上海世博园浦西片区将军楼
（江南造船厂红楼）修缮后外观效果图

四是综合性，通过筹办世博会，调整了上海黄浦江两岸的产业布局，加快旧城改造进度，带动周边地区发展，提高城市品位，完善城市功能，改善城市生态环境。园区周边居民成为最大受益者。这为中国其他城市的改造提供了很好的借鉴。

五是科学性，所有建筑都以城市可持续发展为基础。可持续发展既要达到发展经济的目的，又要保护好人类赖以生存的大气、淡水、海洋、土地和森林等自然资源和环境，使子孙后代能够永续发展和安居乐业。整个世博会展示的核心思想就是可持续发展，堪称科学规划样板。

对上海来说，世博的举办，将使总投资上千亿元的上海黄浦江沿岸开发进度加快，推进上海产业结构的升级和国际化进程，提升上海的城市功能。因此世博会不仅仅是世博会场地周边房地产市场的利好，而且是整个上海房地产市场的一项长期利好，上海的房地产市场会因此日趋成熟。从上海城市的整个格局来看，最为关键的是世博园区的建设将会在未来形成上海一个新的城市副中心，它将对周边区域产生不小的辐射作用。

2010年上海世博会上钢三厂特钢车间基础上改建而成的世博会特钢大舞台工程效果图

世博会的筹办涉及场馆用地拆迁、中心城区土地资源进一步减少等问题，直接拉动了上海房地产市场的需求量，而需求是市场进一步成长的源泉，需求量的增长直接促进了房地产市场的加速发展。因此，通过世博会中需求量的增长刺激了上海市房地产的发展。

2010年上海世博会城市最佳实践区杭州案例效果图

旅游业

上海世博会申办陈述中，旅游是重要部分，除了世博园区，中国将以怎样风貌呈现给世界，7000万人次参观者能否尽兴，大部分重任将落在旅游业身上。

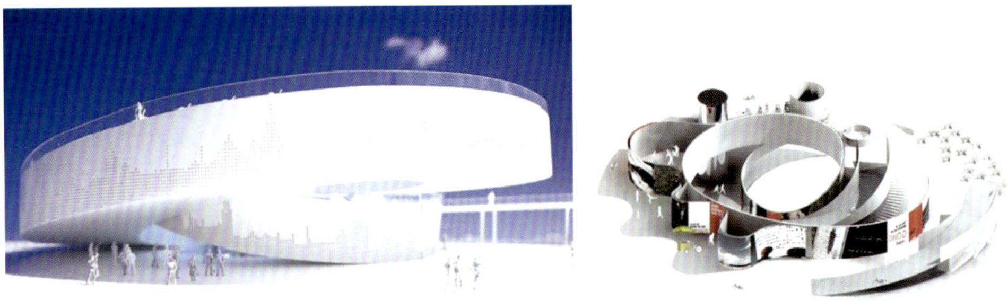

2010年上海世博会丹麦国家馆效果图

另外，后世博会效应也已受到高度关注，世博会将大大推进“长三角”地区甚至整个中国的旅游业发展。比如上海的近邻浙江，旅游资源得天独厚，是全国旅游资源最为丰富的省份之一，沪杭间交通又异常便捷，最保守的估计，世博会期间仅转道杭州的游客估计就有2000万人次左右。大量游客尤其是入境游客进入浙江，将带动宾馆酒店、餐饮、文化娱乐、交通、旅游纪念品销售等行业的发展。除了给浙江省带来直接的相当规模的旅游收入外，更重要的是，通过世博会的影响力，浙江的旅游项目和产品将得到一个向世界推广的良机，其后续效应不可小觑。

上海世博会期间，旅游与金融业、保险业、商业、餐饮业和文化产业融合，将为这些产业带来丰富的游客资源，而这些产业的发展，也为旅游业的快速发展提供更大可能。

上海世博会的举办期里，旅游业将会提供多样的优质服务供游客选择，世博会将是旅游服务产业的大展示。如何为残疾人、老人、儿童提供更好服务，如何为来自不同地区，拥有不同文化背景的人提供服务？世博会的举办迫使旅游业想得更多，做得更细，推动整个旅游行业规范发展，同时也将提高全民的文明素质和消费能力。

2010年上海世博会亚洲国家展馆区效果图

LED照明产业

如果说1889年法国巴黎世博会让爱迪生发明的白炽灯正式登上了人类文明舞台，那么2010年上海世博会则可能成为LED照明灯的“样板工程”。优质LED照明设备将在世博园区得到应用。

2008年北京奥运期间，从美仑美奂的开幕式，到标志性场馆的灯光照明，再到闭幕式的圆满成功，LED照明已给世人带来了一场视觉盛宴。据悉，2010年的上海世博会，LED技术将继续大放异彩。世博会上的LED照明集中应用程度，将不亚于北京奥运会。

作为一种新型固态光源，LED在特殊照明领域已经显现出出色的节能效果，如景观照明（替代霓虹灯，可节能70%）、交通信号灯（替代白炽灯，可节能80%）。目前半导体照明白光灯具的发光效率已数倍于白炽灯，预计2010年还将超过荧光灯，节能的效果将更加显著。

2010年上海世博会委内瑞拉国家馆效果图

事实上，LED照明助阵重要赛会、重大工程、标志性建筑已非首次，上海东方明珠塔的上下球体用LED灯光改造后节省近75%的用电量，透射着梦幻色彩的奥运水立方也是依靠LED照明技术而艳惊全球。在所有照明技术中，只有LED可以对每一个点的色彩变化精确控制，真正达到奥运会开幕式上“卷轴”那样流光溢彩的效果。此外，LED更高效、更环保、使用寿命更长。LED照明灯的理论使用寿命为10万小时，是荧光灯的10倍、白炽灯的100倍。如果LED灯能够推广使用，将更有利于节能减排。

上海·浦东

明年上海世博会的整个园区将会成为LED照明技术的集中展示地，从一轴四馆到其他重要场馆都将大范围应用LED照明设备。其中，既有近年来逐渐成熟的户外景观照明、大屏幕显示等LED运用领域，也会有一些最新的高、精、尖产品和应用方案展示在世人面前。例如，清晨伴随着柔和灯光渐渐增亮，睡梦中的人慢慢苏醒而不是被闹钟“惊醒”，夜晚灯光自动渐渐变暗，使人不知不觉进入梦乡。这种催眠、催醒的LED灯光应用技术，有望在世博会中亮相。

搭载世博“快车”，中国LED照明产业有望加快腾飞。

会展业

从无到有，从小到大，经过30多年的发展，中国的会展经济已具有相当规模。2008年奥运会和2010年的世博会更是给中国的会展经济提供了一个难得的机遇。

随着加入世贸组织以及会展业不断地发展壮大，目前中国每年举办的展览会大约有5000个。中国正在向会展产业强国的方向发展，现在已经有一批在世界展览会中都很有名的会展项目，比如：北京和上海的国际汽车展览会，都已经名列全世界的前四位，中国的机床展览会也已经列入了全世界的前四位，以及其他的像印刷机械展览会，纺织机械展览会，仪器仪表类别的展览会等也都已经闻名世界。

国际展览业非常关注中国会展市场的发展，近两届国际展览协会亚太区的主席都是由中国来担任的，中国的会展业已经成为亚太地区的一支重要力量。另外中国的市场被世界所瞩目，现在世界一些发达国家，比如说美国、德国、日本等等，他们这样一些国际性的展览公司纷纷到中国来开辟市场。中国现在展览业的发展不但速度快，数量多，而且有很好的品牌效应，开始在国际上占有一席之地。

2010年上海世博会世博中心效果图

但中国的会展业毕竟发展的时间短，与会展业强国比起来，还有不小的差距，有很大的成长空间和学习发展的前景。

2010年上海世博会国际红十字馆效果图

2010年上海世博会是中国会展界的一件大事，通过举办世博会能够让人们更多地了解会展经济和会展活动是怎么回事，对于中国经济的发展有什么好处。上海世博会以后大家就会对会展业有更多的了解，参观展览会的积极性会更高。世博会还会留下一大批会展建筑，如30余万平米的展览场馆，这对进一步缓解上海展览场地目前紧张的状态能起到积极的作用，同时也提供了很好的展览空间，对扩大产业规模有积极作用。

另外世博会运用世界上最先进的声光电展示技术，以及各种强调绿色环保节约理念的展示手段，使中国整个的会展经济能够学习到世界上最先进的会展技术和理念，获得更大的提高，会展经济可以更好地跟社会资源相匹配。上海世博会对中国会展经济来说无疑是一个很重要的项目，是影响深远的展会。

第六章 世界看好上海世博会

截至目前，累计已有241个国家和国际组织确认参展上海世博会，其中211个签署了参展合同。上海世博会将成为世博会150余年历史上规模最大的一届。世界各国参展的热情以及如火如荼的世博场馆建设仿佛让人们暂时忘记了金融危机的阴霾。2008年下半年开始席卷全球的金融危机对世博会的影响是显而易见的：参展方的资金筹措遇到了难题，部分参展方的预算减少，馆型有所调整。巴西和阿根廷等国，从预估的自建馆变为租赁馆。但同时，智利反而将参展世博会由原来的租赁馆升级为自建馆，使智利成为南美洲第一个以独立建馆方式参展上海世博会的国家；澳大利亚不惜以“澳洲度假游”以及2000澳元的重奖，为其国家馆吉祥物“笑翠鸟”征集中文名称；新加坡还专门用国花兰花为上海世博会培育了一种名为“新沪交响曲”的新品种。

2010年上海世博会美国国家馆奠基

从以往两届综合类世博会参展的情况看，都有较大程度的退展情况发生。但到目前为止，上海世博会仅有一家外国企业退展，还无一参展国家退展。许多从未参加过和已经多年不参加世博会的国家，这次也都将来到上海，而且有18个国家甚至还没有与中国建交。

捷克参展总代表斯德理克（Pavel A. Stehlik）说，“没有任何一个国家从世博会退出，所以世博会已经向世界经济发送了一个信号，我们认为中国将来是一个非常重要的国家，我们希望能参与（上海世博会）。”

国际展览局主席洛塞泰斯（V. G. Loscertales）认为，每一届世博会都会体现主办国的特色，都是“独一无二”的。绝大部分国家和国际组织对本届世博会，还是保持了以往的热情。“因为这一届世博会是在中国举办，所以我们会有更多的国际社会的共同的向往和期待。它们热切期望来中国，一方面是来了解中国，另外一方面也非常希望，通过它们的参展来介绍它们国家和人民的一些情况，让全世界最大人口国家的中国人民能够有一个充分的了解。”

来自世界241个国家和国际组织将参展上海世博会

亚洲在崛起，使得世界的力量对比发生了重要的变化，中国30年的变化在人类经济发展史上史无前例。上海是一个国际性的大都市，也是亚洲乃至全球最有活力的城市之一，因此人们对中国上海世博会也会有更高的期待。

在当前国际金融危机和全球经济出现衰退的背景下，各参展方都表现相当积极。大家将共聚上海世博会，寻求危机应对之道，必将有利于增强世界各国人民的信心和勇气，加速世界经济的恢复和增长。人类历史上任何重大的危机都是新技术、新发明、新突破的催生剂。世博会这种大交流一定会推动创新进一步发展。

世博会作为“经济的奥林匹克”，多次扮演着引领世界经济走出萧条的重要角色，对于整个世界经济有很强的推动力，上海世博会的筹办，将直接拉动投资、扩大就业，并且能有效拉动旅游、购物等消费需求，对推动经济发展有着很大的促进作用。

2010年上海世博会波兰国家馆效果图

进入2009年，国际金融危机尚未见底，全球经济依然形势严峻。“应对危机，加强合作”的呼声不断传出，共同抵御金融危机是一种合作，共享世界博览会的机遇也是一种合作。艰难时刻，全球合作成为实现世博会美好主题的生动写照。

因此，各国的一些有识之士普遍看好上海世界博览会。他们认为，上海世博会给各参展国、参展企业带来了走出金融危机的难得的机遇。

2010年上海世博会芬兰国家馆效果图

“上海世博会既是挑战也是良机”，意大利驻华大使里卡尔多·谢飒（Riccardo Sessa）在意大利国家馆开工奠基典礼的致辞中这样说道。“说是挑战，是因为届时会有超过230个国家和地区参加这次盛会，对于我们意大利来说，我们一定要认真组织，展示我们广受欢迎、魅力十足的一面，这也肯定是我们有能力做到的。世博同时也是机遇，借此良机，意大利要向超过7000万的观众展示全新的意大利，勇于创新的意大利，展示意大利产业结构体系，展示意大利的文化”。

“全世界正在经历经济危机的困难时刻，在这时上海世博会将成为危机时刻的转折点，同时由于中国市场在国际经济体系中扮演着越来越重要的角色，世博会又将是一次绝佳的机会展示对经济复苏充满的信心”，2010年上海世博会意大利政府总代表昆迭里（Beniamino Quintieri）这样说道，“也正式由于这样的原因，我们国家坚定信心，一定以最好的形式参与世博，为全球世博成功贡献自己的力量。我们今天在这里开始建造的意大利国家馆将推出一系列空前绝后的展览和活动，并会推出丰富的文化艺术类展出活动，我们希望能以此调动并激发情感的火花，提出全新形式的构想，为意大利企业提供切实有利的合作机会”。

上海世博会荷兰馆总代表魏伟励（Walter van Weelden）说：“荷兰将信守承诺。到目前为止，我们没有缩减任何预算的打算，我们将尽一切可能把荷兰馆展示在世界面前。”

2010年上海世博会荷兰国家馆“快乐街”效果图

英国驻上海总领馆总领事艾琳（Carma Elliot）女士表示，在世博会举办的半年时间内，英国将分阶段把本国的优势产业展现在包括中国人民在内的世博会观众面前。她说：“我想很多具有英国特色的事物都能得到中国人民的青睐。我们知道中国人民对英国的教育和旅游感兴趣。我们国家也有独特有趣的历史和一些重要的文化遗产。另一方面，当今英国的金融服务业也发展得很成熟。我们还有很大的一块创意产业，其中包括电影业、广告业以及品牌战略等等。” 艾琳强调，尽管世界上很多国家仍未能摆脱经济危机的阴霾，但是这不会影响到英国参与上海世博会的决心和其所做出的各项承诺。

“在全球经济危机的大背景下，2010年世博会给我们提供了很好的契机，为解决这一世界性的问题提供答案，同时也能帮助世界各国更好的面对新的挑战。”奥地利政府总代表安德罗什（Androsch）先生说。

2010年上海世博会英国国家馆效果图

纵观世博会的历史，世界各国参加世博会的目的不外乎以下几种：提升国家形象、刺激旅游、展示文化、鼓励商业活动或投资、表达世博会的主题。

上海世博会的主题是“城市，让生活更美好”，其副主题包括了文化、经济、科技、城市社区和城乡互动等五个方面，分别是“城市多元文化的融合”、“城市新经济的繁荣”、“城市科技的创新”、“城市社区的重塑”和“城市与乡村的互动”。这个主题涵盖面非常广，诠释的空间很大。对发达国家来说，这个主题意味着在世界城市化进程中，如何减少城市病，以及把握未来城市的发展等。对发展中国家来说，这个主题意味着如何在城市化进程中借鉴发达国家的经验，吸取其教训，尽量避免走弯路，以及正确处理好城市与乡村的关系，实现城乡互动等。因此，上海世博会的主题就是世界不同发展水平的国家在城市化这个话题上的共同语言。上海世博会正在海内外的广泛参与下，作为继北京奥运会之后，中国举办的又一全球盛会，逐渐成为又一个“中国热点”、“全球热点”。

2010年上海世博会巴基斯坦国家馆效果图

中国游客对美国馆感兴趣，美国人也对中国充满好奇。2010年上海世博会美国馆指导委员会主席雷文凯(Frank Lavin)告诉记者，中国是美国人最感兴趣的国家。“我们在美国人中进行调查，看对哪个国家最有兴趣，中国一直名列榜首，美国人对中国充满好奇。”

雷文凯说，外国人对中国一直很感兴趣，而中国在这30年来变化巨大，上海世博会正好是一个非常好的机会，将真实的中国展现给世界。“我相信，这也是此次世博会的特别之处。中国通过世博，让大家看到崛起中的中国，并且与世界各国一起分享中国的成就。我认为，这次世博会如果不是在中国召开，不会那么成功。中国与30年前大不同，人们可以借这个机会，好好看看中国。”

2010年上海世博会新加坡国家馆效果图

“很多正在挪威设计的时尚作品将会在中国生产。因此，挪威参加2010年上海世博会这样的平台对于挪威时尚而言非常重要。我们想要强调的是，这将会为这一领域的中挪合作起到极其重大的意义。” 挪威参展2010年世博会政府代理总代表毕立新先生(Arild Blixrud)如是说。

挪威科技大学布莱德森（Arne M．Bredesen）博士说道：“挪威参展的介绍，包括规划、展馆、理念及其所反映的我们当今面临的能源和环境问题的重大挑战等，都激发了我的热情。我对此理解、接受，并表示赞同，而且就在会议过程中，我已经产生了好几个想法。2010年世博会赋予了我们独特的契机，使我们能够展示挪威作为环境友好型能源国家的形象。由此，挪威理念就有可能促成可持续发展解决方案的生成。目前中国和整个亚洲对清洁能源的需求是巨大的，我们能够借此同中方合作伙伴建立长期合作关系。在未来的10-15年中，这种合作可能结出丰硕成果，从而使我们找到可持续的解决方案，创造一个可持续性发展的明天。”

2010年上海世博会西班牙国家馆效果图

中国与世界很多国家保持长期友好的交往，上海世博会将进一步促进各方的友好关系。参展国对本国发展成就的积极推介，可以加深中国人民对其了解，加强两国直接经贸的合作。

泰国社会发展和人力安全部长伊沙拉·颂猜（Issara　Somchai）说，参加上海世博会是进一步促进泰中友好的良好机会，也将有助于提升泰国旅游业、工业和农业，活跃泰国经济。

新西兰将投资大约合1亿多人民币来打造自己在上海世博会上的国家馆和相关活动，投资额是上届日本世博会的5倍。

2010年上海世博会新西兰国家馆效果图

2010年上海世博会泰国国家馆效果图

2010年上海世博会卢森堡国家馆设计方案

“上海世博会对卢森堡来说并不寻常，因为这是半个多世纪以来卢森堡参展世博会规模最大的一次。”操着一口中文的卢森堡馆的馆长罗浩林（Thomas Rohdewald）说。今年2月中旬，卢森堡馆动工兴建，成为上海世博会大约40个外国自建馆的“先锋”之一。预计到10月底，工程将完工进入布展阶段。比较而言，即使在自建馆中，卢森堡馆的规模也不是最小一类，的确如罗浩林所说，“与国家面积相比，卢森堡展馆是很大的了。”“这是因为在中国这个人口最多的国家面前，卢森堡的知名度还很有限，而世博会是卢森堡推介自己的最好机会。”罗浩林说。

波兰信息及外国投资公司副董事长阿娜·卡明斯卡（Anna Komisarz）说：“波兰方面对本届世界博览会抱有极大希望。中国对欧洲市场的兴趣越来越浓厚。到波兰外国信息投资公司查询的中国投资商越来越多。我们要把波兰作为快速发展的国家加以介绍。她不仅在投资方面，同时还在旅游、上学等方面具有极大的吸引力”。

美国商务部部长骆家辉访问上海时表示，全世界都在期待明年世博会开幕，美国方面非常重视中国2010年上海世博会，他本人很早就参与了美国馆的前期筹备工作。2010年世博会将成为增进美中关系的一个良好契机，也会进一步促进美中双方在清洁能源、再生能源等领域展开合作。美国国家馆将向世人展示美国在科技、服务、生活方式方面的最新成果和理念。届时，中国上海也将向世界展示一座现代化国际大都市的崭新形象。

美国馆奠基时，美国国务卿希拉里·克林顿发来贺信。贺信说，“上海世博会代表了世界各国通过一起努力所取得的成就、通过共同行动所能迎接的全球性挑战、以及通过国际合作所能实现的进步。”

中国国务院副总理、上海世博会组委会主任委员王岐山说，要通过举办上海世博会，为世界各国、国际组织和企业提供一个展示创新成果的平台，增进世界各国的理解与友谊，反对全球贸易保护主义，共同应对国际金融危机带来的挑战。

2010年上海世博会印度国家馆效果图

EXPO 2010 SHANGHAI CHINA

EXPO 2010 Volunteer

城市，让生活更美好

Better City, Better Life

结束语

2002年12月3日，国际展览局第132次大会上李岚清副总理在中国申办世博会陈述词中曾指出，如果中国上海获得2010年世博会的举办权，中国将实现承诺，举办一届精彩、难忘的世博会。

李岚清指出，中国是一个有着5000年历史的文明古国，也是发展中国家。改革开放的20多年来，中国成为世界经济发展最快的一支力量。中国的政治稳定，社会进步，经济繁荣。中国的现代化进程表明，中国已经并将更加敞开她博大的胸怀，与世界各国、各民族交流合作，共同发展，共创美好未来。

上海是现代中国的缩影。这里经济繁荣，基础设施完善，生态环境优美，社会稳定，中西文化交融，传统与现代文化争辉，是一个有独特魅力的国际化大都市。从任何一个方面来看，上海是举办世博会的理想城市。

即将在上海举办的2010年世博会，一定会秉承“讲求和谐、注重共赢”的中国文化，必将有利于国际展览事业“理解、沟通、合作、友谊”的理念进一步发扬光大。上海世博会的举办，将对世界的发展作出进一步的贡献，有力地推动世界各国的文化交流与合作，并为世界各国的参加者提供更大的商机。

城市，让生活更美好！